名师名校名校长

凝聚名师共识
回应名师关怀
打造名师品牌
培育名师群体

　　　　　　　　明光遠写

新理念　新设计　新模式

新时代优质初中名校建设的理论与实践

XINLININA XINSHEJI XINMOSHI
XINSHIDAI YOUZHI CHUZHONG MINGXIAO JIANSHE
DE LILUN YU SHIJIAN

陈　丁　▲　编　著

东北师范大学出版社

长　春

图书在版编目（CIP）数据

新理念　新设计　新模式：新时代优质初中名校建
设的理论与实践 / 陈丁编著 . — 长春：东北师范大学
出版社，2022.10
ISBN 978-7-5681-9657-4

Ⅰ.①新… Ⅱ.①陈… Ⅲ.①初中—学校管理—研究
Ⅳ.①G637

中国版本图书馆CIP数据核字（2022）第195321号

□责任编辑：石　斌　　　　　□封面设计：言之凿
□责任校对：刘彦妮　张小娅　□责任印制：许　冰

东北师范大学出版社出版发行
长春净月经济开发区金宝街 118 号（邮政编码：130117）
电话：0431-84568023
网址：http://www.nenup.com
北京言之凿文化发展有限公司设计部制版
北京政采印刷服务有限公司印装
北京市中关村科技园区通州园金桥科技产业基地环科中路 17 号（邮编：101102）
2022年10月第1版　2022年11月第1次印刷
幅面尺寸：170mm×240mm　印张：14　字数：228千

定价：68.00元

前言

　　攀枝花市外国语学校党委书记、校长陈丁在攀枝花初中教育领域躬耕奋斗了35个春秋，他具有先进的教育思想和办学理念，具有丰富的办学经验；被授予攀枝花市第七批模范校长、四川省优秀教育工作者、四川省十大法治人物、四川省第二届"川派（初中）名校长"、四川省中小学名校长等荣誉称号；带领所在学校成功创建首批全国、全省中小学心理健康教育特色学校，获得全国零犯罪学校等100多项荣誉。《四川法治报》专刊整版、《法治四川》等主流媒体深度报道了陈丁校长的"法律进学校"办学经验。

　　本书主要介绍了陈丁校长长期以来奉行的办学思想、教育理念和教育教学改革举措，主要包括："法治早教"思想、"心理常询"思想、"三全育人"理念、育全人的观念、三"四"教育举措、"内稳外联"的管理模式、启智弘正的教育教学改革思路，强调德育为先、全面发展、开发智力，培养时代新人。本书的遵旨在于：落实"双减"要求，落实先进理念，引领初中教育高水平创新；优化系统设计，推进初中教育高标准建设；构建科学模式，促进初中教育高质量发展。

　　本书集陈丁校长35年的教育智慧，凝练成"肩负新时代教育使命，培养守正创新时代新人"的教育思想，在全国优秀中学校长陈丁教育思想研讨会上，获得教育部校长培训中心专家和参会的全国优秀中学校长的认可。本书将陈丁校长建设优质初中名校的新理念、新设计、新模式进行系统梳理和深度还原，以期引起广大教育工作者、同行、专家、学者、各级领导的共鸣，并以此为指引，盘活攀枝花市原第四初级中学校的老城区教育资源，建设攀枝花市外国语学校教育共同体，引领学校走上公平而高质量的发展道路，将区域优质初中教育名校进一步建设成中国西部基础教育名校。

本书还收录了陈丁校长指导的部分攀枝花优秀校长和优秀教师的办学经验、教育理论和教学经验类的文章，以期为读者展示攀枝花初中教育不断自我革新，勇于实践探索，永远在路上的开拓者精神。

编　者

二〇二二年五月

目录

上 篇　落实先进理念
——引领初中教育高水平创新

中　篇　优化系统设计
——推进初中教育高标准建设

下 篇　构建科学模式
——促进初中教育高质量发展

上篇

落实先进理念
——引领初中教育高水平创新

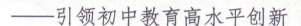

　　思想是行动的先导。一个中学校长的教育思想，决定着这个学校的改革与发展。"肩负新时代教育使命 培养守正创新时代新人"是陈丁教育思想的集中体现，是陈丁校长从事教育工作35年来教育教学的思想总结和学校管理的经验总结。陈丁教育思想全面响应了党的教育方针，全面响应了习近平总书记在全国教育大会上提出的"九个坚持"以及塑造"新人"的时代感召，是教育教学改革的深度概括和高度凝练，是新时代基础教育改革的典范力作。陈丁教育思想以守正、创新、时代感为基本特征，突出立德树人，促进学生德智体美劳全面发展，在基础教育改革发展中取得良好成效，在攀枝花、四川省、全国产生示范影响。2021年4月19日，陈丁校长在教育部中学校长培训中心主办"高质量发展与育人方式变革"全国优秀中学校长教育思想研讨会上做了专题报告。北京师范大学教育学博士、教育部中学校长培训中心韦保宁副教授和陕西省西安高新第二学校"名校+"教育联合体总校长、教育部中小学领航名校长高杨杰对陈丁教育思想予以充分的肯定，并分别以《教育的万变与不变》和《守正创新、全面发展：回应教育的时代诉求》为题做了精彩的点评。全国400余位优秀中学校长代表参加了陈丁教育思想专题报告会，共同探讨教育思想，分享办学经验。

第一章

肩负新时代教育使命，培养守正创新时代新人

——陈丁办学思想的深度凝练

第一节　办学思想的时代背景及内涵

一、党的教育方针的要求

"培养什么人、如何培养人、为谁培养人"是教育的根本问题。我们党立志于中华民族千秋伟业，必须培养一代又一代拥护中国共产党领导和我国社会主义制度、立志为中国特色社会主义事业奋斗终身的建设者和接班人。在2020年9月召开的教育文化卫生体育领域专家代表座谈会上，习近平总书记深刻指出，"十四五"时期，我们要从党和国家事业发展全局的高度，全面贯彻党的教育方针，坚持优先发展教育事业，坚守为党育人、为国育才的使命，努力办好人民满意的教育，在加快推进教育现代化的新征程中培养担当民族复兴大任的时代新人。这为中国特色社会主义教育事业的发展指明了方向，为新时代我国教育的改革发展提供了根本遵循（图1-1-1）。

图 1-1-1　陈丁校长研讨会主题展板

如何培养时代新人是当前教育改革需要深入思考的问题。从教育的整体系统来看，基础教育居于基础性地位，在教育体系中发挥基础性作用。从受教育的个体来看，基础教育是对受教育个体德智体美劳全面发展的启蒙，其质量直接影响个体的终身发展。因此，基础教育理应顺应时代召唤，担负好培养时代新人的重要使命和职责。

二、学校发展的需要

四川省攀枝花市外国语学校位于四川省南向门户攀枝花市，一校两区分别是坐落在竹湖园公园旁的竹园校区和坐落在东华山公园山脚下的华山校区，有教师213名，学生2500余名，是攀枝花市的一所优质公办初中学校。学校目前开设日语、法语、韩语和俄语等多语种教学，长期聘请国外教师任外教，成为攀枝花市唯一一所"中英伙伴学校交流计划项目学校"。

攀枝花市地处我国西南川滇交界，交通不便，信息滞后，基础教育起步较晚，优质教育资源相对不足。面对全国基础教育改革不断加速的新形势，唯有高起点继承、高起点创新，才能逐步拉近与教学先进地区的差距。攀枝花市外国语学校自2008年成立以来，全校上下凝心聚力，锐意改革，大胆创新。一是凝练办学思想，结合时代需要，明确了"肩负新时代教育使命，培养具有守正创新时代新人"的教育思想，统领学校改革发展。二是构建"大德育"体系，培养具有"守正"思想的时代新人。三是构建"大教育"办学格局，实现开放办学。四是实施个性化教育，培养学生全面素质。五是开设多领域兴趣班，侧重学生创新精神的培养。

经过 14 年的努力，学校育人理念发生了深刻变革，近年来教育教学质量创历史沿革最佳成绩，教学质量全市领先，连续四年获评攀枝花市义务教育教学质量"突出贡献学校奖"。2013 年，学校被评为"首届川派初中名校"，还荣获了全国教育改革创新示范校、全国规范化家长学校、四川省文明单位、四川省中小学心理健康特色学校、攀枝花市课改样板校、攀枝花市示范学校等 50 多项荣誉。学校积极融入"成渝"地区双城经济圈，成功加入四川省教育发展研究会天府名校教研共同体、四川省中学校长协会并任初中专业委员会副主任单位。

十四五时期，学校将继续秉持"诚、博、毅、活"的校训，践行"语通世界、文道流芳"的办学追求，围绕"兼容并包，融通竞进"的办学文化主题，强化立德树人根本任务，深化教育教学改革，培养德智体美劳全面发展的时代新人。

三、管理经验的总结

陈丁对培养时代新人办学思想的思考和实践探索过程，主要有两个阶段。

第一个阶段：2018年以前的教育改革探索

陈丁在四川省攀枝花市从事教育工作 35 年，先后在四川省攀枝花市第八初级中学校、第二初级中学校和外国语学校三所优质初中工作。攀枝花市是 1965 年设立的年轻城市，在市委市政府的大力推动、教育工作者的矢志奋斗下，目前全市教育发展总体水平处于全省前列，基础教育有关指标总体处于区域领先，基本建成区域教育高地。但是，这些成绩的取得一定程度上是以"牺牲"素质教育的有效落实为代价的，很多学校把升学率作为根本的办学指标，应试教育的"痕迹"十分明显。其后果是表面上"提升"了学生的成绩，实际上削弱了学生的综合素质培养。陈丁专门对此进行本土化追踪研究，发现应试教育背景下的学生在升入高中、大学之后的发展潜力明显下滑。因此，陈丁尝试改变这种局面，在所任职的学校大力推进素质教育改革，促进学生全面发展。其探索和跟踪调查得出的基本规律是：只有全面发展的学生，才更具有持续发展潜力；越是激发学生多领域的兴趣，学生的成长越优秀；创新能力培养在学生成长成才道路上发挥着关键性作用。

第二个阶段：2018年以来的调整完善

基础教育始终不能脱离时代需要，必须与时代紧密相连，但在教育实践中，基础教育不同程度上存在着教育理念落后于时代、教学模式脱离于时代、教育改革步伐滞后于时代的现象。作为教育管理者，陈丁反复思考、探索解决这一问题的办法。2018年9月，习近平总书记在全国教育大会上提出"九个坚持"的思想体系以及塑造"新人"的时代使命，促使其不断反思教育改革之路。其间陈丁主要开展了以下工作：一是全面系统地学习新教育思想，领会新教育理念，揣摩改革新举措，不断完善自身的改革思路，探索时代新人的培养路径。二是借助攀枝花市"初中名校长工作室"平台，广泛交流经验，分析改革的利弊得失，深入研讨创新发展之路，不断完善自身的改革思想，探索时代新人的培养模式。三是深入课堂，与师生广泛交流心得，深度了解学生成长规律，分析教师教学特点，研究教与学两方面的问题，探索高质量课堂教学的标准，不断推进课堂教学改革，探索时代新人的培养机制。在此基础上，陈丁管理的学校逐步形成了基于时代新人培养的办学理念、办学定位与培养目标，基本实现了培养路径的初步突破、培养模式的整体转型、培养机制的优化组合，进一步提升了办学思想，形成了以"守正思想""全面素质""创新精神"为基本特征，"三位一体"的时代新人培养新体系，突出立德树人理念，促进了学生德智体美劳全面发展，着力培养学生的爱国情怀、社会责任感、创新精神、实践能力，取得了较好的成效。

四、培养守正创新时代新人的主要内涵

时代对育人的要求是不断变化的，中国特色社会主义进入新时代后，时代新人就是适应新时代经济社会发展需要、全面发展和自我实现的人。

（一）时代新人必须是具有高尚品德的人

具有高尚品德的人能够继承中华传统美德，弘扬社会主义道德，具有良好的道德情感和正确的道德认知；能够时常用真善美来塑造自己，不断培养自身高洁的操行和纯朴的情感，努力使自己成为"守正"的人。

（二）时代新人必须是全面发展的人

全面发展的人综合素质高，践行能力强，充满自信，斗志昂扬，时刻以国

家富强、人民幸福为己任，主动投身中国特色社会主义伟大实践中，脚踏实地，不断追求卓越，努力使自己成为"全面"的人。

（三）时代新人必须是有理想、有梦想的人

有理想、有梦想的人胸怀大志，具有开拓创新精神、开阔的视野、多领域的兴趣和敢为人先的情怀，求真务实、善作善为，能够自觉地将自己的理想、梦想融入国家和民族复兴的伟大事业中，不断开拓新境界，努力使自己成为"创新"的人。

第二节　构建"大德育"体系，培养具有"守正"品质的时代新人

　　培养具有"守正"品质的时代新人是立德树人的时代要求。"守正"即坚持正确的政治方向，遵循身心成长的科学规律，自觉坚持成长发展的正确道路，实现自身良好发展。青少年阶段是价值观形成和塑造的关键时期，长期以来，陈丁及其团队从学生的身心特点和思想实际出发，改进教育方式方法，构建"大德育"体系，推动思想政治教育循序渐进、由浅入深、有机衔接，培养"德正""品正""身正""心正"之人，促进青少年学生的健康发展。

一、"思政课程"与"课程思政"双轮驱动，育"德正"之人

　　"德正"即品德纯正，"德正"之人主要指政治品德高尚，思想先进，符合时代发展潮流，代表社会前进方向，高度认可与自觉践行社会主义核心价值观，爱党爱国，具备担当社会主义建设者和接班人的政治素质的人。育"德正"之人，课程是主渠道，以思想政治教育课程为基础，推动实施"课程思政"，将思想政治教育融入课程教学之中，实施课程体系的全方位育人功能。

（一）筑牢思想政治课程的育人根基

　　从课程性质上讲，思想政治教育是对学生进行思想引领、价值塑造、信念培育的专门性课程，是培养社会主义建设者和接班人的根基所在，代表了基础教育的社会主义方向，必须抓实抓牢。

1. 思想政治课程聚焦主题，以践行社会主义核心价值观为主要任务

　　面对世界范围内思想文化交流、交融、交锋形势下价值观较量的新态势，面对改革开放和发展社会主义市场经济条件下思想意识全面、多样、多变的新

特点，积极培育和践行社会主义核心价值观，对于巩固马克思主义在意识形态领域的指导地位、巩固全党全国人民团结奋斗的共同思想基础，对于促进人的全面发展、引领社会全面进步，对于聚集实现中华民族伟大复兴中国梦的强大正能量，具有重要现实意义和深远历史意义。在社会主义核心价值观教育方面，陈丁及其团队努力做到"四个坚持"：坚持以人为本，尊重学生主体地位，关注学生成长需求，促进学生全面发展；坚持以理想信念为核心，抓住世界观、人生观、价值观这个总开关，牢固树立中国特色社会主义共同理想，着力筑牢学生的精神支柱；坚持联系实际，区分层次和对象，加强分类指导，因材施教；坚持改进创新，理顺体制机制，采取鲜活的教育形式，增强吸引力、感染力。

2. 思想政治教育形式多样，将社会主义核心价值观"落小落细落实"

过去的思想政治教育，往往形式单一、方法老套，说教性重于趣味性，不易被青少年学生接受。为了增强教育效果，陈丁及其团队不断改革创新，采取青少年容易接受、喜欢接受、乐于接受的多种形式，以提高他们的情感认知和价值认同，做到自觉接受与践行社会主义核心价值观。

（1）将社会主义核心价值观"落小"

青少年学生的身心特点决定了他们难以接受"大道理"和空洞的理论，陈丁及其团队坚持将社会主义核心价值观"落小"，把社会主义核心价值观的基本内容与学生的思想实际结合起来，从大处着眼、小处着手，从学生身上小的思想波动上找到突破点，将学生的"小思想"与社会主义核心价值观的"大道理"结合起来，以小见大，灵活机动，不断促进学生一点一滴的进步，逐步实现与社会主义核心价值观的"接轨"，使学生在点滴小事中、日常行为中、学习生活中逐步掌握社会主义核心价值观的精神实质。

（2）将社会主义核心价值观"落细"

社会主义核心价值观内容博大精深，涉及社会、国家、个人三个层面的宏观范畴，往往与青少年的思想实际有一定"落差"，青少年学生接受起来比较困难。陈丁及其团队坚持将社会主义核心价值观"落细"，将社会主义核心价值观的基本原则、体系、环节、内容、实质逐级分解，形成适合青少年学生消化吸收的"基本单元"，让学生从细节上把握，按照从微观到中观再到宏观的顺序逐步掌握，最终形成价值理念和价值判断，以丰富自身的思想体系。

（3）将社会主义核心价值观"落实"

社会主义核心价值观是思想层面的东西，属于理念的范畴，只有将社会主义核心价值观的精神实质贯穿于学生的社会实践活动之中，成为学生自觉遵守的规则，才能实现社会主义核心价值观教育的真正目的。陈丁及其团队坚持将社会主义核心价值观"落实"，在思想政治教育过程中，将理论与实践结合起来，将理论学习与日常行为结合起来，学以致用，灵活掌握；理顺思想政治教育的体制机制，理顺社会主义核心价值观教育与实践的渠道与形式，创新教育方式方法，确保将社会主义核心价值观教育落到实处。

（二）挖掘基础教育课程的育人内涵

人才培养是系统工程，思想政治教育是潜移默化的过程，仅仅靠思想政治课程难以达到预期效果，还需要将整个课程体系纳入思想政治教育全过程之中，深入挖掘基础教育课程的育人内涵，从课程中折射、渗透出思想政治教育的成分和因素，实现全方位育人、立体化育人、全过程育人。

1. 全方位育人

全方位育人即基础教育阶段的每门课程都是育人的载体，每门课程都是育人的平台，每门课程都是育人的手段。陈丁及其团队根据每一门具体课程的性质、特点，通过集体备课、不同课程之间的教学交流等方式，从不同方向、角度深入挖掘思想政治教育的成分、元素，明确每一门课程的思想政治教育方向；进而通过编制年级教学计划、学期教学计划等方式，进一步明确每一年级、每一学期、每一学年"课程思政"的方向、目标、内容、方法，切实做到了寓思想政治教育于课程之中，取得良好效果。

2. 立体化育人

立体化育人即基础教育阶段的课程具有模块化、层次性特点，每门课程都有其自身特点和规律，是一个相对独立的育人模块，都是从某一方面、某一层面实现育人的目标；同时，各门课程之间具有层次性的区分，育人目标既相互联系，又具有一定的区分度。陈丁及其团队实施"课程思政"，就是要明确每门课程的育人目标，厘清各门课程育人目标之间的内在关系，有针对性地挖掘课程之中的育人因素，实现有秩序、有层次、有目的的育人任务，从而达到立体化的育人目标。

3. 全过程育人

全过程育人即基础教育阶段的课程是一个协调一致、前后联系的系统，集中服务于育人目标的实现。陈丁及其团队实施"课程思政",就是按照课程的性质与特点,遵循课程育人的规律,将课程教学作为育人载体,从每门课程、每个环节中挖掘育人的成分,将育人与知识传授结合起来、将育人与能力培养结合起来、将育人与文化传承结合起来、将育人与创新结合起来,使育人作为一条主线贯穿于课程教学全过程。

二、构建"文化思政"育人体系,育"品正"之人

"品正"即品质纯正,"品正"之人主要指具有高尚的文化素质境界,善于"扬弃",乐于吸纳古今中外优秀传统文化中的"精华"为我所用,不断推陈出新,实现自我成长与发展的人。育"品正"之人,仅仅靠课程育人尚显不够,还需要借助第二课堂、选修课、课外活动等载体加以补充、衔接,以更好地实现育人目标。这就是"文化思政",即借助文化载体,以文化独有的特点和规律,搭建育人平台,发挥文化育人功能,实现文化育人目的。"文化思政"育人体系主要通过以下两种形式实施。

(一)弘扬国学

国学泛指传统的中华文化与学术,内容博大精深,历史悠久。国学中包含着丰富的育人精华,是基础教育阶段培养学生良好思想品德的重要载体,对于基础教育立德树人具有重要意义;国学中包含的育人基因,能对学生的成长产生深远影响。弘扬国学,要结合基础教育阶段的性质、特点与规律,体现拓展性、针对性和实效性。

1. 拓展性

拓展性是指弘扬国学要与"思政课程""课程思政"相衔接,使国学成为二者的必要补充和合理延伸,使其产生互相影响、互相促进的效果,拓展育人渠道,实现育人目的。

(1)知识的拓展

知识的拓展让国学成为学生拓展知识和文化的重要渠道,使学生爱国学、学国学、用国学,使国学与课程内容互相补充、互相影响,共同促进学生知识与智慧的增长。

(2)思想的拓展

思想的拓展要汲取国学中的"思想精髓",让国学成为学生成长的重要养

分，成为学生成长过程中的"座右铭""引路牌"，成为激励学生成长的精神力量。

在这方面，陈丁及其团队坚持开展"国学讲座"，面向各年级学生，根据学生的特点和需要，每学期从大学聘请国学教师到校讲学 2~3 次，每次讲座 2 个小时以上，场场爆满。每次讲座，学生们早早地就挤满了会堂，师生普遍反映效果良好，受益匪浅，学生们从国学讲座中汲取了营养，学到了书本上学不到的东西，拓展了思想，开阔了视野，鼓舞了精神。他们抓住时机，继续强化学生学习国学的兴趣，每学期组织一次国学知识竞赛，隆重表彰每年级前 50 名学生，此举进一步提高了学生学习国学的兴趣，增添了弘扬国学的浓厚氛围。

2. 针对性

针对性是指弘扬国学要与基础教育的目标相一致、与基础教育阶段学生的思想实际相契合，使国学成为基础教育阶段学生思想成长的重要精神力量和文化源泉，成为学生不断追求卓越的内在动力。

（1）内容选择

国学的内容要与基础教育课程相协调，在难易度上不能过高，不能超过课程难度，以便于学生理解与掌握。

（2）类型选择

陈丁及其团队组织的"国学讲座"针对各年级学生特点认真分析和选择，使国学的内容与基础教育阶段学生的思想实际相吻合，不能低于或超越学生的阶段性特征，以便于较好地实现育人目标。

弘扬国学不能泛泛而谈，否则不仅效果不佳，还会引起学生的反感。在一次讲座中，由于主讲人临时有事，不能到场，为了不耽误讲座按时进行，陈丁及其团队临时更换了讲座内容和主讲人，讲座脱离了学生实际，导致学生大面积"吐槽"，效果当然也可想而知，以至于下一次讲座学生不想参加，认为是耽误时间，没有兴趣。

3. 实效性

实效性是指弘扬国学要突出效果，真正发挥育人功能，在学生成长过程中具有明显的"正能量"。学不学国学，育人效果有明显差异。

（1）坚持国学教育持续开展

坚持国学教育持续开展，将国学教育融入人才培养全过程，进行合理规划，形成长效机制，体现国学教育的系统性、阶段性和层次性。

（2）科学实施国学教育评估

科学实施国学教育评估，针对国学教育过程中存在的问题，适时改进教学方式，体现国学教育的科学性、合理性和高效性。

由于陈丁及其团队将弘扬国学落到了实处，实效性强，学校在2019年5月获得了《中国青少年国学大会》组委会和节目组颁发的"优秀合作单位"荣誉。

（二）挖掘运用地方文化

在社会发展过程中，每个区域都形成了具有自身特色的文化，在人们的日常行为中留下了深深的烙印，这就是"地方文化"。地方文化是文化系统的重要分支。地方文化对于当地人来说，往往更具有亲和力、融合性和教育性，这为地方文化发挥育人功能提供了可能性和必要性。基础教育阶段，地方文化在育人过程中更具有"鲜活性"和"亲和力"，因此，学校要加强对地方文化的深入挖掘和系统整理，使之成为育人的新载体、新渠道。

在挖掘运用地方文化方面，学校具有一定基础和优势，因为攀枝花市具有根深叶茂的"三线文化"。攀枝花地处山区，因矿产资源十分丰富，被誉为"富甲天下的聚宝盆"，是因我国实施"三线建设"战略而建设发展起来的城市。建市初期，来自全国各地的能工巧匠，响应党和国家的号召齐聚攀枝花，"先生产、后生活"，艰苦奋斗，奋发图强，将一个荒芜之地建设成了重要的钢铁工业基地。攀枝花虽是一个年轻的工业城市，缺乏历史文化底蕴，但以"艰苦创业、勇于创新、团结协作、无私奉献"为内核的"三线精神"，在攀枝花城市建设发展历程中得到了最集中、最充分的体现。由此逐渐形成的"三线文化"，具有坚实的文化基础和人文情怀，激励了一代又一代攀枝花的建设者。充分挖掘"三线精神"中的文化内涵，结合学校实际，开展生动有趣的地方文化实践活动，对于培养学生形成正确的世界观、人生观、价值观具有重要意义。

学校深入挖掘"三线文化"的精神实质，将"三线文化"融入教育教学之中，增加了"文化思政"新内涵，取得了很好的育人成效。每学期学校都会组织学生到工厂、企业、中国三线建设博物馆参观，聘请专人讲解，使得学生深受精神鼓舞。跟踪调查发现，经过"三线文化"熏陶的学生具有"刻苦学习、勇于创新、团结协作、无私奉献"的品质，普遍有了明确的学习目标和严格的自律要求，强烈的使命感促使这部分学生更能吃苦耐劳，在各个领域勤奋耕耘，最终取得不俗成绩，体现了"三线文化"强大的育人功能。

三、开展法治"早教"，育"身正"之人

"身正"即言行纯正，"身正"之人主要指遵守社会公德、政策和法律，严格自律，积极维护社会秩序，做守法公民的人。育"身正"之人，主要通过法治教育。初中阶段开展法治教育，陈丁及其团队称之为法治"早教"，以使未成年人做好成人的准备。事实证明，开展法治"早教"，及早培养学生的法治意识，让学生及早树立法治观念，对于学生在今后的人生道路中自觉守法、同违法行为做斗争，具有十分重要的意义。法治教育与德育相辅相成，共同发挥育人功能。

在法治"早教"中，陈丁及其团队针对学生的身心特点，主要突出了四个重点，构建了"法律进学校"的立体化育人模式。

（一）结合学校实际将国家课程校本化、地方课程生活化进行特色教学

充分使用《生命·生态·安全》《家庭·社会与法治》等与学生成长、生活结合紧密的地方教材，通过生动的案例，组织学生以专题的形式开展学习与交流，培养学生的法治意识。

（二）开展"国旗下的讲话"活动

结合国家立法实际，对学生开展相关法律法规的解读和案例分析，重点学习《宪法》《义务教育法》《未成年人保护法》等法律法规，以点带面，培养学生的法治观念。

（三）聘请法治班主任

从法院、检察、公安、司法等单位共聘任了53名同志担任法治班主任。通过班会课、法治专题讲座、模拟法庭、参观拘留所、戒毒所等活动，丰富学生的法律知识和法治体验。

（四）学校、家庭、社会三方配合，设置班级安全委员岗位

每班选拔一名认真负责的同学任班级安全委员，主要配合学校做好班级同学的法治教育和安全工作，学校定期对安全委员进行培训。学校制定了《重点关注学生行为习惯养成跟踪管理办法》，由德育处、班主任、任课教师以及家长密切配合，实行重点跟踪关注，开展持续八周的管理和教育，层层落实责任，帮助学生矫正不良习惯，取得了良好效果。

法治"早教"成效突出，学校先后成为攀枝花市法治教育、"法律进学校"的先进典型，被评为四川省依法治校示范校、四川省法律七进示范基地、攀枝花市依法治校示范学校、攀枝花市教育和体育系统法治宣传教育先进单位、全市禁毒严打整治行动成绩突出集体，并于 2016 年作为法治教育先进典型在四川省教育厅举办的"教育法治与综合改革工作会"上做经验交流。作为校长，陈丁于 2015 年被评为"四川十大法治人物"，2019 年被评为四川省"七五"普法中期先进个人。

四、推进心理健康教育，育"心正"之人

"心正"即心理纯正，"心正"之人主要指心理健康，无心理疾病和心理问题，具有正确的世界观、价值观、人生观和发展观，积极进取，乐观向上的人。育"心正"之人，主要是通过构建完善的心理健康教育机制、加强心理健康教育工作来实现。学校成立了心理健康指导中心，构建了"一门课程，两步预防，三个结合"的心理健康教育机制。

（一）一门课程

依据《中小学心理健康教育指导纲要（2012 年修订）》要求，结合初中阶段学生心理发展规律和需求，学校建构"美丽心灵，青春同行"主题式校本心育课程，每周开设 1 课时必修课，1 课时选修课。

（二）两步预防

第一步，筛查。

心理健康指导中心每学期期初为学生做心理健康普查（MHT），通过测评—反馈—追踪回访，建立规范的学生心理健康档案。

第二步，关注。

班级设立心理观察员并对学生进行培训，制作《班级学生心理状态晴雨表》，关注班级学生每周日常情绪、行为、心理变化和状况。

（三）三个结合

1. 将心理健康教育与班主任工作紧密结合

班主任将心理健康教育的理念、知识融入班会课，以一种更加活泼、生动、贴近学生心理和现实的形式开展。针对学生的心理辅导需求，班主任开展心理主题班会或团队活动。学校利用德育论坛，定期组织班主任、生活老师、安全

工作人员等开展青少年心理发展与辅导相关主题的研修与讨论，进行班级心理健康教育经验交流，分析典型案例，提炼科学方法。

2. 将心理健康教育与家庭教育紧密结合

学校充分利用家长学校平台，通过校讯通、校园网、微信公众号等渠道，向家长群体普及家庭教育和心理健康教育知识，提升家长对学生心理健康状况的重视度和关注度；成立家庭教育指导讲师团，为家长提供家庭教育和心理健康教育培训，指导家长适性养育孩子；利用德育工作例会和日常交流，与班主任进行班级学生近况和家庭背景情况沟通，共同策划每一次家长会，将传统的家长会——"成绩分析会"转变为"家校共育会"，加强家校协同，形成教育合力。

3. 将心理健康教育与法治教育紧密结合

教师在心理健康教育课程中有意识地融入法治案例和基本法律常识，增强学生的法律意识，引导学生有效调控冲动情绪，预防激情犯罪；加强对个别学生的心理疏导，将心理干预与法治教育相结合，避免学生因心理问题的挤压导致违法犯罪；将法律常识作为各班心理观察员的培训内容，提升其对危机事件和特殊类型学生的敏感度，以配合学校做好班级法治教育和心理安全教育。

学校心理健康教育卓有成效，成为我市中小学心理健康教育工作标杆，荣获教育部首批"全国中小学心理健康教育特色学校""全国零犯罪学校""四川省首批心理健康特色示范校"等称号，学校心理健康教育获得四川省"首届十大初中教育创新成果奖"并做全省交流。

第三节 秉承"大教育"思想，完善具有"开放"特征的办学体系

"大教育"思想是符合教育规律和时代需要的科学思想体系。大教育是以大经济为基础、以大科学为内容、以大生产为服务对象，面向世界、面向未来、面向现代化的开放型教育，具有一体性、开放性、多样性、超前性、灵活性等特征。

一体性是指统筹各阶段教育，形成从幼儿到老年的系统化教育体系；统筹家庭、学校、社会多层次教育。

开放性是指本教育系统的开放，各教育系统的相互开放，教育与社会环境的联系与开放。

多样性即教育形式、教育空间与时间、教育结构等方面的多样化。

超前性即面向未来，体现当下与未来的教育理念。

灵活性是指充分利用地方资源和学校特色，形成国家与地方、集体与个人、统一与个别相衔接的教育网络。

基础教育培养全面发展的人，为人的终身发展奠基，尤其需要以"大教育"思想为指导，进一步提升办学思想，理顺办学思路，构建开放教学体系，实现学校教育与社会发展的紧密衔接、全面融合，培养具有鲜明时代感、综合素质协调发展、适应经济社会发展需要的新一代。陈丁在开展学校管理过程中，着重从办学理念、办学定位、培养目标等方面入手，积极助力教育改革发展。

一、践行"重人格、启心智、育全人"的办学理念

大教育思想是开放的教育模式，体现为全方位、全过程、全手段、全覆盖的教育形式。进入信息化时代，学生的成长与发展具有更广阔的空间，接受教

育的途径不再局限于课堂、书本、教师，发展空间具有开放性、广延性和交叉性，教育场景的深刻变化为大教育思想指导基础教育改革提供了广阔舞台，也为基础教育办学理念的更新提供了客观依据。基于此，陈丁提出的办学理念是：重人格、启心智、育全人。

（一）重人格

人格不仅是心理学概念，也是社会学概念，更是教育学概念。人的生存、成长与发展离不开人格的支撑，而基础教育对人格的养成具有关键作用。我倡导"重人格"的办学理念，起因在于尊重人，过程在于引领人，目的在于发展人。在塑造人格的教育实践中，陈丁除了将人格塑造融入教育教学全过程之外，还主要从以下几个方面发力。

1. 强化"三观"引领

人格实质上是世界观、价值观、人生观在日常生活上的外显，正确的世界观、价值观、人生观是推动优良人格形成的精神动力，也是构成健全人格的重要组成部分。因此，陈丁高度重视和加强世界观、价值观、人生观教育，寓"三观"教育于课堂教学之中，开设"三观讲堂"，组织师生开展"社会调查"并交流心得。

2. 践行自律

自律的前提是自明，自律的结果是自强。基础教育阶段的学生往往缺乏对学习、生活和人生道路的认知，即缺乏"自明"。为此，陈丁积极通过微讲座、第二课堂等形式开展这方面的教育，使学生明确每个学期该做什么、要达到什么要求，应该树立怎样的人生理想以及如何分步实现自己的理想，等等，在此过程中培养学生自尊、自重、自强不息的精神。

3. 培养参与意识

健康的人格总是离不开交往的，互不沟通往往滋生疑虑心理和对立情绪。为此，陈丁注重培养学生的社交意识、交往能力和竞争意识，坚持每学期举办竞赛活动 10 项以上，使学生受到竞争环境的熏陶和训练，调动学生尚处于萌芽状态的各种潜在上进意识，使之活跃、强烈起来；再通过组队参赛、团队分工等形式重点培养学生的合作意识、团队意识。

4. 培育人格建构意识

教师主要指导学生学习和掌握一些人格自我建构的有效方法和技巧，如指导学生以写日记、周记的方式自我解剖，引导学生不断探索发现自身人格特点和潜能优势，积极探索有效方法去激发潜能、构建人格，提出自我改造的设想和措施，指导学生针对自身优势特点有选择地投身实践活动，从知行统一的角度来完善人格。

（二）启心智

确立心智教育的办学理念，除了将心智教育融入教育教学全过程，还构建了两个机制。

1. 心理状态"发现—关注"机制

初中学生处于身心迅速发育的时期，心理发育不稳定，情绪易激惹，渴望得到认可和关注。为积极关心学生心理成长，主动介入学生心理世界，我校建立了高标准的心理咨询中心，配备专职心理咨询师3人，加强心理咨询与心理辅导并使之常态化，构建形成了"任课教师、家长、学生及时发现—班主任及时关注—心理咨询与心理辅导及时跟进—师生相互陪伴，同生共长"的心理状态积极关注机制，充分发挥心理支持在学生成长与发展中"保驾护航"的关键作用。

2. 思维能力"培基—提升"机制

我校主张面向全体学生，激发其心理潜能，促进其个体发展。一方面发现学生特长优点，聚焦其闪光点，鼓励引导学生提升能力、拔高层次。另一方面在每一课程领域，针对学生弱势能力的具体情况，按照全面发展的原则，对学生进行适合的思维训练或学习技巧指导。我校在不断摸索实践过程中形成了"发现问题—原因分析—专项训练—互动互补"的培基机制，有效帮助学生对弱势能力进行加强训练，打好基础。

（三）育全人

育全人就是培养素质全面协调发展的人。素质全面发展，包括德智体美劳全面发展，也包括现代社会所需要的人际交往能力、社会适应能力、自律自理能力等的全面发展；素质协调发展，即各种素质要有机联系、互为促进、形成完整体系，最终实现认知与情感统一、知识与能力统一、适应与发展统一。

情感和认知在人类精神世界中是不可分割、彼此融合的。教育的目的不仅是教学生知识或谋生的技能，更重要的是针对学生的情感需求，使其在认知、情感、意志等方面均衡发展，培养其健全人格。培养素质全面协调发展的人需要注重以下几个方面。

（1）注重品德培养和智力开发，培养认知情感，注重美育、体育、劳动教育。

（2）注重课程的互动与知识的整合，培养整合思维能力。

（3）强调人文精神的培养，塑造学生美好心灵。

（4）引领学生认知生命的价值，注重生命的和谐与愉悦。

（5）注重培养自我实现的人。

总之，在大教育思想引领下，"重人格、启心智、育全人"的办学理念强调在健全人格的基础上，促进学生全面发展，让个体生命潜能得到自由、充分、全面、和谐、持续发展。我校在该办学理念的统领下稳步开展教育教学改革，使教育教学质量大幅度提升，办出了让学生满意、家长满意和人民满意的初中教育成果，受到国家、省、市不同程度的表彰。该办学理念既继承了我校的办学传统，也顺应了时代潮流，在指导今后的教育教学改革方面必将发挥更大作用。

二、推动构建开放型办学体系

"大教育"思想倡导开放的教育体系。在"重人格、启心智、育全人"办学理念的引领下，我校形成了具有自身特色、开放性的办学体系。

（一）办学定位的开放性

办学定位是办学理念的下位概念，代表学校的办学方向和办学特色。在明确了"重人格、启心智、育全人"办学理念的基础上，结合学校办学传统、未来目标和办学实际，我们提出的办学定位是：立德树人，质量立校，开放办学，建设西部一流基础教育名校。

立德树人是国家、社会对教育提出的根本要求，是教育的目标追求和价值导向，反映了"培养什么人""为谁培养人"以及"怎样培养人"的根本性问题。立德，就是要立社会主义核心价值观之德、立中华民族传统美德、立遵纪守法之德、立无私奉献之德、立社会公德；树人，就是要树社会有用之才、树中华民族伟大复兴之才、树社会主义合格建设者与可靠接班人、树求真理之人、树悟道理之人、树明事理之人。

质量立校体现了办学的价值本位，贯串了素质教育的基本理念，凸显了人才培养的内在要求。在市场经济条件下强手如林的教育体系中，唯有质量，方为立校之本。质量立校，一是强调教育的高水平，强调教育在促进人的全面发展方面的作用、功能、效果，强调教育引领人、发展人、促进人的内驱导向，要提高教师整体水平，遵循先进教学理念与规律，提高课堂教学质量和育人水准，促进学生成长与发展。二是强调德智体美劳全面协调发展，在素质教育的每一阶段、过程和环节上严格把关，做实做牢，全面提高质量。

开放办学集中体现了大教育思想和育全人的理念，渗透了终身教育的思想，是提高教学质量的必然要求，也是教育改革的明确指向。开放办学，一是同类学校之间取长补短、互相借鉴、共同提高，促进发展。二是基础教育与高等教育之间的衔接与借鉴，按照高等教育要求输送高质量人才，服务人的终身发展。三是学校与社会之间融合发展，整合办学资源，实现人与社会的互动与融合，按照社会需要培养合格人才。

西部一流基础教育名校是指在西部基础教育中办学理念一流、素质教育水平一流、教育教学质量一流、教师一流、教育现代化水平一流的学校。建设西部一流基础教育名校，不仅指学校的基础设施、校园环境等硬件建设，更在于办学理念、教师水平、教育教学质量、校园文化等软件建设，学校要狠抓内涵建设，注重资源整合，实现协调发展，不断改革创新，学习与借鉴先进经验，以一流的办学思想引领学校科学发展、创新发展，办人民满意、社会评价高的一流名校。攀枝花市外国语学校 2013 年创建为四川省首届川派初中名校。2019年、2020 年在全市 40 多所初中学校中，根据合格度、均衡度、目标度、特色度四个维度的全面教学质量评价体系，学校连续获得攀枝花市义务教育教学质量突出贡献学校奖，在攀西地区及四川省产生了良好的社会影响力。

（二）多层次、立体性的特质形成培养目标的开放性

攀枝花市外国语学校提出的人才培养目标是：培养德才兼备、全面协调、具有创新品质的时代新人。

这一培养目标具有丰富的内涵，具有多层次、立体性，规定了人才培养的类型、规格、品质。从类型上讲，我们培养的是时代新人，而不是传统意义上的人才；从规格上讲，这样的人才应该是德才兼备、全面协调发展的；从品质上讲，这样的人才具有创新特点，适应创新型国家建设的需要。这一培养目标是一个整体概念，具有系统整合性和素质复合性，回应了新时代对基础教育的新要求，反映了经济社会发展对人才的需求，体现了教育的连贯性和一致性，为学生进一步接受高一级教育奠定了坚实基础，也为学生的终身发展奠定了基础，为学生最终成长为中国特色社会主义建设者和接班人奠定了基础，也是学生自我实现的基础。同时，这一培养目标彰显了开放性，为了实现这一培养目标，学校需要整合更多的教育资源、采取更合适的教育形式、选择更优化的教育手段，可以打破校内校外的界限，兼收并蓄、灵活运用多种教育方式，为实现培养目标服务。

（三）培养模式的开放性

面对当前科技快速发展和信息化日益完善的局面，针对基础教育普及性和发展性的特点与规律，基础教育办学应更加开放。

1. 教育资源的整合，构建开放的育人体系

首先立足校内，充分整合各种平台与资源，提高使用效率和效果，充分发挥育人功能；其次加强合作，充分借鉴与利用同类学校资源，加强校际交流，提升教育质量；再次整合校外资源，充分利用攀枝花市少年宫、攀枝花市文化馆等社会资源的优质场地、优良师资，开展丰富多彩的艺术、体育等特色课外活动。利用企事业单位、科研院所的资源和平台优势，服务我校办学，发挥教育合力作用。

2. 开放性建设教师队伍，打造高水平教师团队

高起点建设教师队伍，完善教师评价体系，充分调动教师积极性。建立兼职教师队伍，从企事业单位、科研院所聘请有实践经验的人员到学校任教或开设讲座，开阔学生视野；加强教师培训，更新教育观念，用最新的教育思想武装教师队伍，不断提高教师教学质量与水平。

3. "疑探助学，四环递进"的课堂教育模式

着力于教育教学改革，不断创新和强化基础教育课堂教学模式，形成"疑探助学，四环递进"的课堂教育模式。我们不断加强教学研究与改革的力度，以学科教研组为主阵地，形成了常态化的教研教改机制；不断适应青少年身心特点，探索青少年成长成才规律，以各级各类课题申报为抓手加强探索与研究，以研究成果指导教育教学改革，不断推出教育教学改革新举措；不断适应社会信息化的快速发展，结合教育教学实践实际，在全校53个班级开展全云班教学；不断研究探索新形势下基础教育改革的新方向、新目标、新举措，不断创新基础教育育人模式。

第四节 倡导"个性化"教育，培养具有"全面"素质的时代新人

每一个学生都具有自身潜在的发展特长和相对的弱点，基础教育是学生终身发展的奠基，不仅需要培养所有学生成长发展所需要的共同素质，而且需要引领与开启每一个学生成长与发展所需要的个性化素质，为培养全面协调发展和自我实现的时代新人奠定坚实的素质基础。

一、关注每个学生的全面协调发展

人的全面发展是马克思主义关于人自身发展的基本观点，青少年学生要成为社会的有用之才，成为中国特色社会主义未来的建设者和接班人，全面协调发展是基本前提。基础教育要遵循青少年学生身心发展的规律，探索促进其全面协调发展的机制与路径，促进每个学生德智体美劳全面协调发展。

（一）全面发展

所谓全面发展，就是德智体美劳全面发展，不能只注重其中一项或几项而忽略其他。对于青少年学生而言，德智体美劳各科目都是其终身发展的前提和基础，不能有所偏废。德智体美劳全面发展是党的教育方针的明确要求，是基础教育必须坚持的基本原则。

1. 积极解决"重智轻德"的问题

长期以来，受升学"指挥棒"的影响，基础教育普遍存在注重课程知识的学习、忽略道德品质教育的倾向，唯考试论，唯成绩论，这实际上严重影响了学生的后续成长和发展，不利于培养德才兼备的优秀学生。正如全国政协委员、江苏省锡山高级中学校长唐江澎所言："孩子只有分数，赢不了未来的大考；教

育只关注升学率，国家就没有核心竞争力；分数不是教育的全部内容，也不是根本目标。"培养时代新人，不仅要注重成绩优秀，更要以德引智、以德启智，德育为先，培养适应新时期社会发展潮流、具有责任担当意识和创新创造品质的时代新人，为构建人类命运共同体做出贡献。

2. 积极解决"忽略体育"的问题

当前，很大比例的青少年学生身体素质不达标，生活习惯不良，相当一部分学生健康状况堪忧，亚健康体质不同程度地存在。产生这些问题的原因很多，但是，忽略体育是一个重要原因。一些学校对体育课重视程度不够，存在挪用、占用体育课的情况，也存在体育课让学生"自由活动"的状况。我校采取四项措施加强体育建设：一是依据青少年健康标准规范体育课堂教学模式，使体育教学有章可循；二是科学设置体育课程体系，保障开全开足体育课时；三是加强制度建设，保障体育课程顺利推进；四是完善体育考试形式，体现体育实效性。攀枝花在全国城市中率先实行了体育中考 100 分，极大促进了学生的身体健康。学校除每周安排 4 节常规体育课外，还由体育教研组教师牵头组织开展师生"阳光体育锻炼 1 小时，健康生活 1 辈子"体育生活习惯养成活动，开设体育特色第二课堂；同时积极组织工会活动，鼓励教职工积极参加瑜伽、舞蹈、游泳、健身等体育活动，既引导教职工锻炼身体，又为学生做好强身健体榜样。学校积极预防学生常见六病，邀请攀枝花市疾病控制中心、知名牙科医院专家到校开展视力不良干预、爱牙护牙讲座等工作。我校对营养不良和肥胖的孩子进行了重点关注，食堂每周精心安排菜谱，注意营养搭配、荤素结合以及口味兼顾，为提高学生身体素质提供营养保障。我校食堂被评为四川省示范性标准化学生食堂。

3. 积极解决"忽略美育"的问题

美育的功能在于培养学生对美的认识，提高学生审美品位，是基础教育的重要组成部分。学校通过艺术、文学鉴赏、课外活动等生动活泼的活动形式，培养学生的审美情趣、爱好和能力。知识具有美的内涵，具有美的价值体现，将审美能力的培养贯串于每一门课程教学之中，结合每门课程特点，培养学生的审美品位，使学生成为善于发现美、能够感受美、乐于创造美、具有科学审美观和一定审美能力的优秀人才。学校注意结合重大时间节点和重要庆典在校内举行书法、美术艺术展，在校内建设了艺术长廊，重点展示师生书法、美术作品以及歌舞演唱等活动照片，通过点点滴滴让更多孩子获得受益终身的美育。

4. 积极解决"忽略劳动教育"的问题

劳动教育是基础教育不可忽略的重要组成部分。基础教育要培养学生热爱劳动的品质，使学生具备劳动能力，在劳动教育中培养学生正确的世界观、价值观、人生观，培养学生吃苦耐劳、坚忍不拔的坚强意志。我校将劳动教育与知识学习结合起来，理论联系实际，将所学知识应用于生产实践和劳动过程中，促进学生不断追求真知、提高知识的应用能力。我校开设劳动课程，制订各学段劳动课程目标，丰富劳动课程形式，采取课程教学、校内劳动、校外劳动、家务劳动等适应当前环境和条件的有效措施，培养学生热爱劳动的习惯。我校在攀枝花市外国语学校华山分校建设了全市首个劳动素质拓展教育基地。

（二）协调发展

所谓协调发展，就是指德智体美劳之间互相促进、互相关联、整体推进，最终实现学生综合素质的全面提高。协调发展有利于学生后续成长和发展，有利于使学生成长为新时代所需要的中国特色社会主义建设者和接班人。否则，如果学生某一方面素质存在短板，往往会成为其后续发展的障碍，不利于学生的长远发展，不能满足社会对人才的需要。协调发展，需要正确处理以下关系。

1. 知识与能力的关系

知识是能力的基础，能力是知识的应用，学习知识是为了应用，因此，能力是关键。在素质教育过程中，学生要在知识学习的基础上，不断提升综合运用知识的能力。知识与能力之间有一个中介，那就是"核心素养"，"核心素养"是指学生应具备的适应终身发展和社会发展需要的必备品格和关键能力，突出强调个人修养、社会关爱、家国情怀，更加注重自主发展、合作参与、创新实践。在基础教育阶段，"核心素养"不仅是知识与能力的中介，还是学生终身发展的必要素质，也是社会发展所需要的基本素质。

2. 数量与结构的关系

数量指知识的多少，结构指知识的状态，数量与结构代表知识的"量"与"质"。不只是智育课程，每一门课程都涉及数量与质量的问题，因此，每一门课程都涉及数量与结构的问题。在教学过程中，教师要适当兼顾知识积累与知识优化的关系，让所学知识不断进行结构上的优化，实现知识的多重应用价值和效应，达到举一反三、灵活运用、触类旁通的效果，能够比较容易地实现知识的"迁移",拓展知识应用的领域,使知识的掌握不断适应"变化了的"场景,提高学生的创新创造水平和能力。

3. 深度与广度的关系

深度与广度的关系也就是"专"与"博"的关系。素质教育阶段,在知识的深度与广度上,教师要合理把握,兼顾二者的协调关系,不能偏废。一般而言,在素质教育阶段,教师不宜把知识开发得过深,要让学生在理解的基础上在后续深造过程中不断深入探索,不能一次性地把某一方面的知识全部灌输给学生;让学生广泛接触人文社科和自然科学的基础知识,拓展知识面和开阔视野,在培养学生兴趣爱好的同时,激发学生的求知欲望,催生浓厚的学习动力,培养学生探索、求知、研究的基本素养。

二、满足每个学生自我实现的需要

自我实现的需要是指个体向上发展和充分运用自身才能、品质、能力倾向的需要。按照马斯洛的需要层次理论,自我实现的需要是人的需要的最高层次,是在基本需要得到满足后的一种高层次需要。马斯洛还认为,在自我实现的创造性过程中会产生出一种所谓的"高峰体验"的情感,这个时候是人处于最激荡人心的时刻,是人的存在的最高、最完美、最和谐的状态,这时的人有一种欣喜若狂、如醉如痴、销魂的感觉。自我实现的需要不只有一个层次,处于每个阶段的个体有不同程度的自我实现的需要。基础教育阶段,学生的自我实现层次不高,但是自我实现的欲望很强,这种自我实现的欲望如果得到正向引导,就可以不断激发学生的求知欲望,可能会对学生未来发展产生极大的推动力量,否则,会抹杀学生的发展动力和创新精神。因此,基础教育阶段,如何满足学生自我实现的欲望,是很重要的一个环节,需要抓好以下要点。

(一)引领与鼓励并重

在课堂教学过程中,教师要结合学科特点激发学生自我实现的潜能,引发学生求知欲望、培养学生探索精神。在学生大胆尝试与积极探索的过程中,教师要积极给予鼓励,培养学生发散思维的品质,调动每一个学生的积极性、主动性和自觉性,加强师生互动、生生互动,敏锐捕捉学生探索过程中表现出来的各种信息,及时给以点拨、引导,确保学生的探索思路在正确的轨道上运行。教师通过课外活动的形式,强化学生自我实现的潜能,增强学生的成就感,以成就动机促进学生持续发展。

（二）指导与评价并重

教师的指导有利于学生少走弯路。在学生困惑的时候，教师恰如其分的点拨能起到"一语惊醒梦中人"的关键作用，促使学生在自我实现的道路上不断前行。否则，学生自我实现的梦想会由于不能得到及时指导而遭受挫折，学会可能会误入歧途，丧失信心与勇气。指导与评价并重，能够更好地发挥激励作用，让学生明确"你在哪里""你能到哪里""你应该怎么到达"，让学生明确自身的"最近发展区"，循序渐进，一步一步实现自我成长与发展。

（三）过程与效果并重

教师应加强过程性管理与指导，在事关学生成长与发展的关键环节，适时给予指导、评价、分析、跟踪、矫正，让学生在成长与发展的过程中体验成就感，享受成功的喜悦，增强成功的信心，形成持续发展的动力。教师还应注重效果管理，一是教师指导的效果，二是学生发展的效果，两方面的效果要协调一致，促进学生不断进入下一个"最近发展区"，不断向更高水平的自我发展。

第五节 开发"多领域"兴趣，培养具有 "创新"精神的时代新人

党的十九届五中全会强调，坚持创新在我国现代化建设全局中的核心地位，深入实施科教兴国战略、人才强国战略、创新驱动发展战略，完善国家创新体系，加快建设科技强国。培养创新型人才，成为教育改革的必然指向和关键点。创新型人才培养需要从基础教育抓起、从素质教育抓起，因此，学校要大力开展创新教育，启迪学生多领域兴趣。

一、基础教育阶段创新教育的定位

对于基础教育来说，创新教育应着眼于人的创新精神和创新能力的初步培育，为人的创新能力的持续发展打下初步的基础。

（一）创新精神的初步培养

1. 培养学生初步的创新意识

基础教育重基础，但不仅仅是基础知识的掌握，更重要的是使学生懂得知识的形成过程、应用条件以及创造性"迁移"应用的意识，培养学生的"质疑"和"批判"精神，培养学生强烈的好奇心、旺盛的求知欲、丰富的想象力和广泛的兴趣。

2. 培养学生初步的创新情感

要培养学生严肃、认真、一丝不苟的科学态度，培养学生严谨治学的学风，使学生能够在成绩面前不满足、失败面前不气馁，勇攀高峰，不断进取，而不是浅尝辄止。

3. 培养学生初步的创新意志

要培养学生自觉、主动、持久的创新意志力，使创新成为习惯与品质，坚

韧不拔，不畏艰险，能够根据变化了的情况采取不同的措施。

（二）创新能力的初步培养

1. 创新思维的初步培养

初步培养学生发现问题、分析问题和解决问题的能力，使学生通过现象看本质，能够以多角度和更加开放的视野看问题，能够以小见大，层层推理，逐步拓展认知层次，围绕某一问题提出更深刻的见解。

2. 创新活动的初步开展

培养学生基本的设计能力和动手操作能力，能够利用所学知识，把想法或理论变成现实的模型或实务，在不断尝试错误、不断反思、不断纠正中进步。

二、基础教育阶段要多领域、多视角、立体化实施创新教育

基础教育阶段是人的创新能力形成的启蒙阶段，要坚信每个学生都是可以被造就的，广泛开展创新教育，努力开发每一位学生的创造潜能。

（一）完善创新教育体系

创新教育不能孤立地开展，基础教育阶段开展创新教育，需要将创新教育融入教育教学的全过程，我们的做法如下。

1. 体现学生主体地位

无论在课堂教学、课外活动还是在专题讲座中，我们的目的都是唤醒学生的主体意识，发展学生的主体性以帮助学生正确认识自己、发挥能动作用，尊重学生独立的人格以达到创新意识的培养。

2. 体现民主交流

在教育教学中，我们要尽量做到平等对待学生，在沟通和交流中充分尊重学生的创新与质疑，让学生自由发表意见，培养学生的创新精神。

3. 组织开展互动性活动

在具体教学实践中，通过学生之间的相互交流，学生要学会选择、判断，学会获取知识的方法，培养自己的创造能力。通过参加互动性活动，学生主动探索，在冲突中寻求问题解决的方法，在应付困难和危机中增强面对困难的信心和勇气。

4. 鼓励学生自学

为开阔学生的视野、培养其创新精神，我们建立了学生阅览室，在基础设

施、图书准备上尽量满足学生的求知欲、探究欲，丰富学生的课余生活。这种具有个性化的阅览室完全是学生自由的空间，学生们自由求知探索的热情十分高涨。

5. 开放的系统

我们构建了开放的、与社会接轨的创新能力培养系统，让创新培养逐步从课内走向课外、从校内走向校外，形成了逐步扩展的体系。同时，我们开展丰富多彩的科技讲座，启发学生的创新意识；组织各类科技活动，熏陶学生的创新思维；与当地的科学机构合作，创设第二课堂，培养学生的科技素养和创新精神。

（二）注意纠正几种错误认识

在教育实践过程中，有几种典型的错误认识不同程度地影响了创新教育的有效开展，为此，陈丁及其团队在开展创新教育过程中进行"纠偏"，以便创新教育健康开展。

1. 纠正"创新只是少数天才学生的事"的错误认识

许多教师以为创新是人的高级智慧，非一般学生所能拥有。其实，创新是人的本性，人人都具有创新的潜能与倾向；创新是人类生存的需要，只要人存活一天就片刻也离不开创新。问题的关键是我们后天的教育是否尊重、保护并培育了这种潜能，是否激发、促进并满足了这种需要。所以，创新教育应具有全体性，应面向每一个学生。

2. 纠正"创新只是自然科学的事"的错误认识

许多人以为创新就是科学发现、技术发明，只有科学教育才能培养人的创新精神与能力。实际上，不仅自然科学需要创新，社会科学与人文科学同样需要创新，特别是在科学技术的负效应日益显现的今天，科技创新与人文创新更应平衡发展，使未来社会既是高智力的，又是高情感的。不仅如此，即使是自然科学创新也离不开社会和人文思维方式的支持。因此，创新教育具有全域性，应面向每一门学科。

3. 纠正"创新只是课外活动的事"的错误认识

也有许多教师以为，课堂教学的任务就是传授知识，发展知识是课外活动的事。实际上，这种区分是人为地割裂了传承与创新之间的内在联系。创新是整个教育模式、教育制度和教育观念的全局性改变，并不是局部的修改和增减，它应贯串于课堂教学、课外活动和日常教育生活等方方面面，成为全部现代教育的精神特质，局部性的教育创新不可能是真正意义上的创新教育。其中，课堂教学是创新教育的主渠道，也是学校教育改革的着重点。所以，创新教育还具有全面性，是教育系统的整体性改造。

4. 纠正"创新只是智力活动的事"的错误认识

还有一些人认为，创新是一个人的智力表现，高智力必然会有高创新。这也是一种错误认识。创新不仅是一种智力特征，更重要的还是一种人格特征或个性特征，是一个人综合素质的凝结性表现，是一个人的自我超越和自我发展，是一个人潜能和价值的充分实现。在人的智力水平相当或恒定的情况下，非智力因素往往起着决定性的作用，许多有创新精神的人并非智力超群，而是非智力的人格特征出众。单纯的智力活动只能培养匠人，而不可能培养大师。所以，创新教育还具有综合性，是个体生命质量的全面提升。

5. 纠正"创新只有正面的效果"的错误认识

绝大多数人认为，创新是"正面的""好的"事情，人们可以尽情地去追求。殊不知，创新是一把双刃剑，它既可以成为天使，也可以成为魔鬼；既可以为人类造福，也可以给人类酿成祸患。现代社会的高级犯罪有哪一宗不是创新的结果呢？创新只是工具，并不是方向本身，创新还不能单独成为目的，创新教育也不能代替现代教育的全部，它必须与道德教育相整合，培养人的同情心和责任感，把人的创新精神与创新能力引到为人类造福的方向上来。所以，创新教育具有双重性，必须与现代教育相整合，兴利去弊。

三、结语

陈丁从事基础教育管理工作 30 余年，经过不断探索、实践、思考，结合当下我国教育面临的培养时代新人的新形势、新任务，凝练为"两大一个一多"，即"大教育"思想、"大德育"体系、"个性化"教育、"多领域"兴趣，目的在于培养具有"守正"品质、"全面"素质、"创新"精神的时代新人。其中某些所想所做也许欠成熟、欠正确、欠科学、欠合理，在此抛砖引玉，以利完善、提高。不当之处，敬请批评指正。

附件：

陈丁个人教育管理经历及主要荣誉称号，见表 1-5-1 ~ 表 1-5-4。

表1-5-1　个人教育管理经历

1992年11月—1996年6月	攀枝花市第八初级中学校德育处副主任、主任
1996年7月—1998年8月	攀枝花市第八初级中学校副校长
1998年9月—2002年8月	攀枝花市实验学校副校长（其间：2000年9月—2001年7月作为首批支教扶贫管理干部到盐边县永兴中学兼任副校长、政治教师）
2002年9月—2010年10月	攀枝花市第二初级中学校副校长
2010年10月—2018年7月	攀枝花市第二初级中学校党总支书记、校长
2018年2月至今	攀枝花市外国语学校党委书记、校长（其间：2018年2月—2018年7月兼任攀枝花市二中党总支书记、校长）

表1-5-2　个人主要研究成果

2020年9月	担任市级课题《初中课堂渗透法治教育实践探究》主研人，顺利结题
2020年7月	担任省电教馆课题《基于智慧教学平台开展混合式学习的实践研究》主研人，顺利结题
2020年7月	参加中国教师研修网、攀枝花市教育和体育局组织的校长、园长培训及《校长从合格到优秀再到卓越的成长之路》专题培训
2016年3月	参加四川省教育法治与综合改革工作会议，《让法律的阳光洒满校园》交流发言
2015年10月	参加四川省中小学校法治文化建设论文评选，《落实三"四"教育举措构建校园"法治"机制》获省一等奖
2015年9月	担任教育部课题《"少教多学"在中小学语文教学中的策略与方法研究》课题负责人，优秀结题
2015年9月	四川省教育厅《四川省"法律进学校"经验汇编》，《让法治精神扎根师生心中》文章发表
2014年4月	参加四川省陶研会初中校长年会，《风雨勤砥砺，质量立身名》展示报告
2013年2月	参加2012中国教育系统（基础教育）年度论文评选，《试论"情感因素"在教育教学中的运用》获全国二等奖
2012年2月	参加四川省2011年优秀教育论文、教学案例评选，《试论学校如何立足校本建立有效的心理教育机制》获省二等奖
2010年5月	参研市级课题《初中数学"自主学习—引导探索—当堂过关"教学法的实践研究》，该课题获攀枝花市政府二等奖

表1-5-3　个人主要荣誉称号

2021年	第九批攀枝花市学术和技术带头人（攀枝花市委、市政府）
2020年	四川省中小学名校长（四川省委教育工委、四川省教育厅）
2020年	四川省中学校长协会初中专业委员会副主任委员（四川省中学校长协会）
2019年	攀枝花市初中名校长工作室领衔人（攀枝花市教育和体育局）
2019年	四川省"七五"普法中期先进个人（中共四川省委全面依法治省委员会办公室、四川省司法厅）
2016年	第七批攀枝花"模范校长"（攀枝花市人民政府）
2016年	四川省第二届"川派（初中）名校长"（四川省陶行知研究会）
2015年	四川十大法治人物（四川省依法治省领导小组办公室、中共四川省委宣传部、中共四川省委政法委）
2014年	攀枝花市第八批有突出贡献专家（攀枝花市委、市政府）
2012年	四川省优秀教育工作者（四川省人力资源和社会保障厅、四川省教育厅）
2001年	四川省青年志愿者支教扶贫接力计划优秀青年志愿者（四川省教育厅、四川省委组织部等8家单位）

表1-5-4　所在单位荣誉称号

	全国教育改革创新示范校
	全国首批优秀家长学校实验基地
	全国青少年校园篮球特色学校
	全国零犯罪学校
	全国青少年学生法治知识网络大赛杰出组织奖
	全国"新时代好少年"教育读书活动先进集体
攀枝花市外国语学校	四川省文明单位
	四川省首届川派初中名校
	首批四川省中小学心理健康特色学校
	四川省示范性标准化学生食堂
	四川省卫生先进单位
	四川省五四红旗团委
	四川省志愿服务示范学校
	四川省阳光体育示范校

续 表

攀枝花市外国语学校	四川省初中英才教育协作体学校（攀枝花唯一）
	四川省中英伙伴学校交流计划项目学校（攀枝花唯一）
	四川省新成长型学校入围学校
	首批"心海护航"未成年人心理健康工程实验学校
	四川省环境友好型学校
	四川省首批信息化试点单位
	攀枝花市第一届文明校园
	攀枝花市禁毒预防教育示范校
	攀枝花市现代学校制度建设试点先进单位
	攀枝花市学校文化建设先进单位
	攀枝花市教育体育系统法治宣传教育先进单位
	首批攀枝花市健康教育促进学校
	攀枝花市义务教育教学质量优秀一等奖和进步一等奖"双一等奖"，突出贡献学校奖（连续2年）

第二章

高端引领，深度交流，
　　陈丁教育思想在全国示范推广

——陈丁教育思想研讨会纪要

第一节　全国优秀中学校校长教育思想
　　　研讨会的时代背景

　　从 2000 年开始，为进一步推进素质教育，培养教育家型的校长，教育部委托华东师范大学培训中学校长。2010 年起，在此基础上以全国优秀中学校长命名的一百余场思想研讨会陆续在全国召开（图 2-1-1），展示优秀校长的办学经验，分享他们的教育智慧，共同探讨教育真谛。这为推动全国优秀中学校长的成长，推动我国基础教育质量的进一步提高发挥了积极作用。

　　2021 年主题为"高质量发展与育人方式变革"的全国优秀中学校长教育思想研讨会由教育部中学校长培训中心主办，西安市教育局承办，西安高新第一中学初中校区协办。

　　陕西省委教育工委委员、省教育厅副厅长王海波，教育部中学校长培训中心主任代蕊华，西安高新一中创始人、高新一中初中校区终身荣誉校长皎秋萍，西安市人民政府总督学、市教育局党委委员王小虎，西安高新区管委会党工委副书记王宽让，西安高新区教育局局长饶小华，上海市教育功臣、国家督学、中国教育学会副会长张志敏，上海市教育功臣、成功教育创始人、上海市闸北第八中学原校长刘京海，人大附中联合学校总校常务副校长、人大附中航天城学校校长周建华等领导出席了研讨会开幕式。

　　研讨会开幕式由教育部中学校长培训中心副主任刘莉莉教授主持，西安市高新区管委会党工委副书记王宽让致辞。陕西省委教育工作委员会委员、陕西省教育厅王海波副厅长和教育部中学校长培训中学主任代蕊华教授做了重要讲话。代蕊华介绍道，全国优秀中学校长高级研究班在全国培养和造就了一大批有影响力的教育的改革家和带头人，期待能通过举办全国优秀中学校长教育思想研讨活动，总结提炼优秀中学校长教育思想，同时推动中国教育改革发展迈出新步伐。

图 2-1-1　全体与会人员合影

　　研讨会期间，来自全国各地的十位优秀中学校长分别做了精彩生动的教育思想专题报告，分别介绍了他们的教育思想和实践经验。教育部中学校长培训中心第 11 期、第 12 期、第 13 期全国优秀中学校长高级研究班，上海、广州、山西、齐齐哈尔、盐城、宁波等地名校长研修班及来自陕西本地共 400 余位优秀中学校长代表现场参加了本次活动，共同探讨教育思想，分享办学经验。为了进一步发挥优秀中学校长的办学思想引领和实践指导作用，本次研讨会还首次采用了现场同步直播的方式，与西安全市中学校长在线共享。

第二节　陈丁教育思想研讨会的过程及效果

2021 年 4 月 18 日下午 2 点，全国优秀中学校长陈丁教育思想研讨会在西安举行，教育部中学校长培训中心邓睿博士主持报告会。攀枝花市外国语学校党委书记、校长陈丁在会上做了题为"肩负新时代教育使命，培养守正创新时代新人"的教育思想主题报告（图 2-2-1）。教育思想研讨会分为主题报告、互动交流、知名校长点评及指导教师点评四个环节。

图 2-2-1　陈丁校长研讨会主题

陈丁校长从党的教育方针入手，阐释了基础教育理应顺应时代召唤，担负好培养时代新人的重要使命和职责，从"构建'大德育'体系，培养具有'守正'品质的时代新人""秉承'大教育'思想，完善具有'开放'特征的办学体系""倡导'个性化'教育，培养具有'全面'素质的时代新人""开发'多领域'兴趣,培养具有'创新'精神的时代新人"四个方面生动阐述了自己对培养时代新人办学思想的思考和实践探究过程(图2-2-2)。

图2-2-2 陈丁校长阐述了自己对培养时代
新人办学思想的思考和实践探究过程

陈丁校长回忆了自己在初中教育领域35载的深耕细作,畅谈了"重人格、启心智、育全人"的办学理念,详细介绍了学校以"守正思想""全面素质""创新精神"为基本特征的"三位一体"的时代新人培养新体系,并结合丰富生动的事例,展示了学校在培养守正创新时代新人方面的举措及取得的优异办学业绩(图2-2-3)。

图2-2-3 陈丁校长在研讨会发言

陈丁校长在教育思想报告结束后，与现场的专家、校长们进行了问答互动。陈丁校长对参会校长提出的关于学校教师队伍的建设举措、四川省川派初中名校的办学内涵、一个优秀校长如何在新的学校嫁接原来学校的办学理念和举措等问题，一一做了生动详尽的解答（图2-2-4）。

图 2-2-4　陈丁校长与参会专家、校长互动交流

教育部"领航"工程名校长、正高级教师、西安高新第二学校"名校＋"教育联合体总校长高杨杰和教育部中学校长培训中心党支部书记韦保宁副教授进行了精彩的总结和点评。高杨杰校长对陈丁校长的教育思想进行了详细解读及高度评价，对这一思想在未来的进一步完善、发展提出了非常中肯的意见及建议。韦保宁副教授作为陈丁校长第十一期全国优秀中学校长高级研究班学员的指导教师，希望陈丁校长一定要牢记初心和使命，牢记外国语学校办学历史及光荣使命，结合新时代党的教育方针，在学校现实办学的基础上，进一步坚定前行的道路，培养时代新人，关注历史，立足现在，关注未来（图2-2-5、图2-2-6）。

图 2-2-5　高杨杰校长点评

图 2-2-6　韦保宁副教授点评

陈丁校长生动激情的主题演讲，站在时代的前沿，有温度、有深度、有创新、有未来地看教育、说教育、办教育，得到了全国校长同行和专家教授们的高度认可。攀枝花日报、教育导报、潇湘晨报、西安教育电视台、川观新闻等多家主流媒体聚焦会场，争相报道了会议盛况。

附件：

图 2-2-7　陈丁校长与邓睿博士、韦保宁书记、
高杨杰校长合影

图 2-2-8　陈丁校长与教育部中学校长培训中心领导、
老师、专家合影

（注：左起刘涛博士，邓睿博士，韦保宁副教授，陈丁校长，代蕊华主
任，田爱丽副主任，高杨杰校长）

第三章

新时代的教育理念，
高质量的教学改革

——陈丁教育思想的深度点评

第一节　教育的万变与不变

■ 点评专家

韦保宁，北京师范大学教育学博士，教育部中学校长培训中心副教授，党支部书记；主要关注并从事教育政策与法律、校园安全、学生伤害事故的预防与处理等教育问题研究；参与过教育部哲学社会科学研究重大课题攻关项目研究，主持全国教育科学规划教育部青年项目、教育部人文社会科学研究项目、上海市教育科学研究重点项目、华东师范大学预研究项目等课题；参与教育部学生伤害立法的相关工作，参编《新编教育法》等著作，在《中国教育法制评论》《教育发展研究》等期刊发表学术论文十数篇。

教育的万变与不变

——肩负教育使命　培养时代新人

在座的各位教育同人、各位校长：

大家下午好！

刚才我们听了四川省攀枝花市外国语学校陈丁校长做的《肩负新时代教育使命 培养守正创新时代新人》的办学思想交流的发言。陈丁校长提出了"两大一个一多"，即大教育的思想、大德育的体系、个性化的教育、多领域的兴趣，目的在于培养具有守正品质、全面素质和创新精神的时代新人。我们看到陈丁校长立足攀枝花地处偏远，交通不便，教育发展面临诸多困难的实际，顺应时代呼唤，砥砺奋进，守正创新的办学思考与追求，以及取得的良好办学成效。

陈丁校长肩负教育使命，培养时代新人的办学思想反映了我们教育的一个永恒话题——教育的万变与不变。听了陈丁校长的教育思想交流，我的一点学习体会同在座的各位做一个交流。

学校教育的不变。众所周知，自从人类社会产生以来，就伴随最初的教学活动，距今已经有数百万年的时间。两百多年前现代教育产生，现代教育区别于以往任何一种教育的一个特征，就是教育教学活动的日益复杂化与专业化。这是教育日益普及化和社会化的一个直接结果。现在社会的发展产生了对人才数量和质量的规定性，也产生了对人才培养的规定性，从而形成了现代社会特有的教育制度。外国语学校就是伴随现代教育的发展出现的新的学校类型，我国最早出现的外国语学校是在1862年成立的京师同文馆。1963年中苏关系恶化，国家急需大量的外语外交人才，周恩来总理和陈毅外交部部长决定创办一批外国语学校。1963年7月，教育部发布了关于开办外国语学校的通知。至此我们国家的外国语学校类型的创制开始走向了大规模的发展道路，到2008年我国正式挂牌的外国语学校有近800所，教育部认可的具有保送生资格的外国语学校有17所。这一发展变化进一步体现了外语教育和外国语学校的价值，它的价值体现在三个方面：

可以说外国语学校的产生最初是为了我们国家外交工作的需要，这是它的工具性的价值；同时通过对这些学生的培养，使他们成为中华人民共和国成立初期以及在随后一段时间发展中具有高素质的人才，这是它的人文价值；在外国语学校的办学历史过程中，我们特别关注对学生国际视野的培养，也就是培养他们能够用他者的眼光来反观自身，这是外国语学校的国际性价值。攀枝花市外国语学校也是在这样的学校教育变化的历史中应运而生的，发挥着自己应有的教育使命，贡献了它们的力量。教育在变化的过程之中又有一些不变的因素，如我们的教育目的一直没有变。当然，这个一直不变是在一定的历史时期，在我们中国封建社会有儒家所倡导的内圣外王，当我们面临民族危机的时候，仁人志士所追求的救国救民，以及当前我们所倡导的培养五育融合的建设者和接班人。

在我们传统教育学的著作当中会看到教育的功能有两个，一个是知识的传授，一个是学生能力的发展，两者都属于学校教育当中不变的因素。今天攀枝花市外国语学校陈丁校长为我们展示了作为外国语学校发展外语教育特别重视对学生语言的教育，它也是学校教育之中传承文明和国际交流的非常重要的因素。

从教育的目的、知识的传授、人类的发展、传承文明和国际交流这四个方面来说，学校教育在知识论的体系上有一定的创新。我国首届人文社会科学的长江学者、哲学家、已故复旦大学教授俞吾金教授，他提出在人类的知识体系当中有四个世界。第一个世界：在培养学生思维的过程当中，学生的眼光是朝向一个外部的世界，如我们要去观察我们所身处的这个自然世界，体现在我们学校当中的物理、化学、数学等；第二个世界：关注人的内部世界，即人的精神世界，如我们教育当中的哲学、文学、理性教育的确定性等都是它的反映；第三个世界：人类的知识中的角度，它朝向语言的世界，因为我们就生活在这个世界的语言的表述之中，有时语言甚至成为我们思想的代表，在学校当中的体现就是我们的文字；第四个世界：他把它称为镜像的世界，一般来说镜像的世界指的是学生在发展过程当中最关注的一种自我确证，如物理和数学这样的学科就不具有镜像世界，当数学学科产生之后，数学家不会再去追问数学是什么。我们的教育就是这样的，具有一个理想化的自我，所以从俞吾金教授这个知识体系来说，学校教育不变的四个因素，它既关注我们的外部世界，也关注了我们的内部世界，更兼通了我们的语言交流和理想化自我的构建，这是我们学校当中不变的因素。

在新时代的教育发展过程中，以 2018 年全国教育大会为代表，我们中国教育事业发展进入了一个新时代。这个新时代带来的最大的变化，就是我们党的教育方针要培养德智体美劳全面发展的社会主义建设者和接班人，也就是今天陈丁校长给我们展示的，我们的学校教育应该培养时代新人。2020 年 7 月，习近平总书记在少年先锋队第 8 次全国代表大会上指出：培育时代新人，团结、引领、教育广大少先队员做共产主义事业的接班人。在全国教育卫生领域的专家座谈会上，习近平总书记又说在加快推进现代化的新征程当中，要培养担当民族复兴大任的时代新人。国家"十四五"规划纲要再次强调关注人的全面发展，增强学生的文明素养、社会责任意识、实践能力，培养德智体美劳全面发展的社会主义建设者和接班人。可以说培养时代新人，是我们新时代的教育对我们教育方针和我们培养什么人带来的最新挑战和最新要求。陈丁校长提出的肩负教育使命，培养时代新人的教育思想给我们带来了启示和思考，我觉得有以下五点。

一、强调"德正"

马克思在一篇文章当中说过，人们自己创造自己的历史，但他们并不是随心所欲地创造，并不是在他们自己选定的条件下去创造，而是在直接碰到的、既定的和继承下来的条件下去创造。作为我们办学思想的凝练，我觉得所谓的直接碰到的指的就是我们学校的现状，既定的代表的就是我们时代的要求，继承下来的就是我们办学的历史，对我们办学思想的凝练表明了我们的教育要去关注我们的历史，关注我们的当下，关注我们的未来，处理好不变与万变之间的辩证关系。陈丁校长和我们分享的办学思想当中，我觉得非常重要的是他强调的"五正"，即德正、品正、身正、心正和学正。从德智体美劳五者的关系来说，它不是一个并列的关系，"德"居于中心地位，其余的才是"智育""体育""美育"和"劳育"。陈丁校长特别强调以学生行为的细处小处为抓手，核心是社会主义的核心价值观，也就是说它所建立的"德正"之间的结构不是一个并列的关系，而是类似于费孝通先生强调的同心圆的结构，我认为这样的结构反映了我们当前在德育的发展过程中，德育这种辩证的关系。

二、强调"品正"

在"五育"当中，我还要强调的是，陈丁校长在自己学校当中对于"品正"的新探索，也就是对于学生品德的教育有一个创新，就是将对学生的国学教育和思政课的改革紧密地结合在一起。对学生进行品德教育的时候，德国有一个学者说过一段话，一个国家的繁荣不取决于它的国库的殷实，不取决于它的城堡之坚固，也不取决于它的公共设施之华丽；而在于公民的文明素养，即在于他们所处的教育、人们的远见卓识和品格的高下，这才是真正的利害所在，真正的力量所在。这段话反映了对学生进行品格或者品德教育的重要性。在我们当下的基础教育之中，在对学生进行品德教育的过程当中，我觉得有一个核心意识一定要去关注，那就是要处理好多元与一体的关系。曾经有一段时间，也许到今天为止，"多元"这个词在中学教育的话语中多次出现。但是在中国的当代历史发展过程中，我们会发现我们在对学生进行多元教育的时候，更应该关注的是多元后边所代表的一体，这就是 1988 年费孝通先生那篇讲演《中华民族的多元一体的格局》，这一个基本的观点已经成为新时代中宣部、中组部和教育部所开设的以中国通史为代表的系列新教材当中的一个核心点，在强调多元的基础之上，更多地去强调一体。陈丁校长在学校的实践过程当中，将国学与思政课相结合，但是又特别强调所有的国学和思政课的改革还有两个关注内容的选择同基础教育课程相协调；内容的选择从学生年级的特点出发；地方文化"三线文化"的构建，以爱国主义为核心，这就很好地处理了多元与一体的关系。

三、陈丁校长的办学思想

对我国近 800 所外国语学校的创新发展所带来的一些新的挑战。例如攀枝花市外国语学校所培养的学生要具有守正的思想、全面的素质、创新的精神，学校在办学的过程中要坚持开放的办学理念。对教育部确定的具有保送生资格的 17 所外国语学校的育人目标做一个梳理，我们可以看到从 20 世纪 60 年代开始，它们基本上都是关注于外语特长、多元、素质、民族情怀这样的表述，"外语特长，国际视野，文理兼优"是它们共同的关键词。但是最近几年，外国语学校包括普通学校在发展过程中都有这样一种倾向：我们特别关注于外语特长的发展、国际视野的培养，我们强调的是国际理解。现在我们看到所有的理解，必须是双向的。如果我们所有的理解都是我们去理解别人，而别人不理解我们，这种理解就是一种没有效果的理解。所以在外语特长和国际视野这两个特点之间，我们一定要加上一个民族性的制衡因素，即攀枝花市外国语学校所提倡的"守正"。我觉得特别及时，特别重要，也特别有意义。

四、肩负新时代教育使命，培养守正创新的时代新人

总而言之，陈丁校长的办学思想肩负新时代教育使命。我们一定要牢记教育的初心和使命，培养守正创新的时代新人。结合新时代我们党的教育方针，在学校现实办学的基础之上，进一步坚定我们前行的道路。它的核心应该是"守正"，它的内容应该是大德育和大教育这两个体系。

五、坚持开放的办学方向

我们应坚持开放的办学方向。时代引领一个国家和一个民族的教育发展，所以教育没有一劳永逸。学校的改革和发展需要创新，而这种创新需要我们去面对学校的发展过程之中和中国新时代发展过程当中所产生的问题。我国的新时代中学教育要面对万变与不变，万变就是创新和适应，它的指向是"多、活、新"；不变就是我们的使命和目标，就是荀子说的万变不离其宗，在陈丁校长办学思想当中就是"守正"，就是我们要培养德智体美劳全面发展的社会主义的建设者和接班人。

以上就是我学习陈丁校长办学教育思想后的一些个人感悟，和在座的各位做一个交流分享，有不正确的地方也希望大家批评指正，谢谢！

第二节　守正创新、全面发展：回应教育的时代诉求

■ 点评专家

　　高杨杰，正高级教师，现任陕西省西安高新第二学校"名校+"教育联合体总校长，兼任西安高新第二学校、高新区第五学校、高新区第九初级中学校长；民进陕西省常委、中国教育学会管理分会常务理事、中国教育战略学会生涯教育专委会副理事长、中国教育学会教育行政专业委员会理事；中小学校长国家级培训专家、教育部中小学领航名校长"高杨杰校长工作室"主持人，教育部中学校长培训中心第9期全国优秀校长高级研究班学员；陕西省促进义务教育基本均衡发展先进个人、陕西省教育厅首批教育专家、陕西省政协参政议政人才库特聘专家、西安市基础教育突出贡献校长。

　　高杨杰所主持的"基于学生全面发展的校本知行课程实践"获教育部2018年基础教育国家级教学成果二等奖、陕西省基础教育教学成果一等奖、陕西省义务教育学校课程建设优秀成果一等奖，2020年4月"以大美陕西课程为载体培育学生家国情怀的研究行动"获陕西省第十一届基础教育教学成果一等奖等。他的多篇论文及成果收录于《中国语文教学参考》等国家核心期刊，主编《知行路》（上下两辑共4册）《知行课程》等书籍。《中国教育报》《教师报》等主流媒体专刊介绍了他的学校课程建设及教育理念。2019年4月他在教育部中学校长中心举办的"全国优秀中学校长教育思想研讨会"上进行了"爱注九年，知行一生"教育思想分享。

学习《肩负新时代教育使命，培养守正创新
时代新人》有感

尊敬的代主任、沈老师，中心的各位老师和同人：

大家上午好！

非常感谢教育部校长中心给了我一个学习提升的机会。在陈丁校长分享他的教育思想之前，我们做了简短交流，我从中收获启示很多。陈校长积极响应新时代要求，创造性地整合家庭、学校、社会资源，更好为学生服务；在学校管理上以人为本，在主动创设人文关怀基础上，凝智聚力，依法治校诸方面，都值得我认真学习借鉴，期待以后有机会到陈丁校长学校进行深度学习与交流。

我将从以下四个方面汇报我的学习与感悟，即培养时代新人的内涵特征，培养时代新人的重大意义，培养时代新人的思想实践，培养时代新人的几点探讨。聆听了陈丁校长《肩负新时代教育使命，培育守正创新时代新人》的教育思想分享后，我觉得其核心是"两大一个一多"，即大教育思想、大德育体系、个性化教育、多领域兴趣。在学习之前，我和教育实践家刘京海校长进行了交流，刘京海校长认为陈丁校长的学校办得不错，各方面改革措施落实得很到位，刘京海校长还认为陈丁校长是一个静心做教育的人。

一、培养时代新人的内涵特征

习近平总书记在党的十九大报告中首次指出：培养担当民族复兴大任的时代新人，并对时代新人的要求和标准进行了多次阐述。陈丁校长对此非常敏锐，对时代新人的理解非常到位，他认为时代新人是具有守正品质、全面素质、创新精神的人。这一理解紧扣教育立德树人的根本任务：坚持德育为重，德育为先，坚守本色；紧扣党的育人目标：培育中国学生的核心素养，培养德智体美劳全面发展的社会主义建设者和接班人等重要内容。陈丁校长在聚焦学生全面

发展，注重学生多元素养的培育上有很多创新。陈丁校长教育思想中的守正品质、全面素质、创新精神，是相互促进的三个基本特征，凸显了四川省攀枝花市外国语学校鲜明的育人价值追求。我们从以下几个方面来理解它：第一，守正思想是培养全面素质和创新人才的一个关键，是为创新精神打上守正精神的标识，也是对创新思想的德正定义；第二，多元素质是守正后潜能的迸发、积极的知行以及创新的进取最强有力的基础；第三，创新精神是守正基础上的个性彰显，是引领多元素质全面发展的第一动能。所以它的特点是价值鲜明，逻辑严谨。陈丁校长教育思想传承发展的印记可见一斑。

二、培养时代新人的重大意义

我们说事业兴衰，关键在人，而培育什么人是教育的首要问题。培养担当民族复兴大任的时代新人，是习近平总书记从新时代党和国家事业发展布局的战略高度，就培养什么样人的问题提出的战略要求。陈丁校长带领攀枝花市外国语学校教师致力于培养守正创新的时代新人，深刻把握了时代新人的三个重大意义。第一个意义体现了人的发展与时代进步相契合的历史规律；第二个意义反映了实现中华民族伟大复兴中国梦的迫切需要；第三个意义传递了教育现代化的题中之义。教育现代化不仅仅是物质的现代化，更是育人的现代化，育人理念与实践的现代化。教育是民族振兴，社会进步的基石。中国的未来发展基础在教育，关键在人才，党的十九届五中全会提出了建设高质量教育体系，这也是此次校长思想交流论坛的一个主旨。2035年要建成教育强国，人才强国，新时代已对我们教育提出了新要求。陈丁校长的教育思想彰显了广阔的视野和境界。他从人的全面发展观、时代发展的人才需求、民族复兴、教育发展的大局出发，思考、探索、提炼了"三位一体"的时代新人育人新体系，体现了教育哲学、政治意识、家国情怀以及充满感动的人文情怀。

三、培养时代新人的思想实践

知行合一，贵在实践。陈丁校长的教育思想是在新时代广阔视野下的实践，并在"三位一体"双因素推动下实现的。其核心要义就是："大教育"思想、"大德育"体系、"个性化"教育、"多领域"兴趣多管齐下，"守正思想""全面素质""创新精神"三位一体。该思想实践具有以下几个特点。

（一）校本化特色鲜明

践行"重人格、启心智、育全人"办学理念目标明确，精心架构塑人格，双重机制启心智，五育并举育全人，这是一个饱满丰盈的办学理念，诠释立体、清晰，是把办学理念深入极致的生动实践。陈丁校长坚持开放性办学理念，形成多层次、立体性的办学特质，注重同类学校之间共谋发展，基础教育与高等教育之间积极衔接，学校与社会之间资源整合，通过开阔办教育的视野，打通了更多的教育通道，陈丁校长的教育实践具有鲜明的校本化特色。

（二）构建了大德育浓厚的思政味

我觉得这一点和陈丁校长对教育的热爱和自身学术专业有很大关联。学校构建了大德育体系，培养有守正品质的时代新人，牢牢把握住思政课作为落实立德树人根本任务的关键性课程的要义。从思政课程到课程思政，然后到文化思政，承担了全学科融入和传统优秀国学经典的德育使命。特别是对攀枝花的"三线文化"的理解与思考，对艰苦创业、无私奉献精神之育人功能的彰显，带着一股鲜活而富有亲和力的地域文化德育之风。青少年处于人生的拔节孕穗期，引导他们扣好人生第一粒扣子，法治和心理健康非常重要。攀枝花市外国语学校注重国家课程校本化，多元集体参与等多举措齐抓共管，为学生保驾护航。"德正、品正、身正、心正"，这是学校对守正的理解。四个"正"循序渐进，由浅入深，有机衔接，不难看出陈丁校长本是"志虑忠纯"之人。

学校的办学思想特别倡导个性化教育，五育协同育人与学生的个性发展并重。攀枝花外国语学校针对当下教育的四个问题，关注的不仅仅是德智体美劳的五育并举，更关注人的全面发展，更在积极探索五育协同、五育融合发展，防止五育割裂；同时通过五育并重，满足学生个性化发展，体现了对生命个体的尊重和教育的温度。

开发多领域的兴趣，保障了在正确认识下的积极实践。攀枝花市外国语学校在开发多领域兴趣方面做得非常好。当下一些学生厌学甚至不珍视生命，无学习动力与目标。研究与调查发现，人生观、世界观、价值观对一个人的生活影响很大，是人生的总开关，兴趣更是砥砺人生发展的第一动能，是热爱的关键。多领域、多视角、立体化地实施创新教育，为实现民族复兴，对标新目标、新挑战，需要创新人才，创新智慧，创新行动的积极作为，攀枝花市外国语学校对培养创新精神和能力有自己的认识和实践。

四、培养时代新人的几点探讨

（一）校长要以其教育思想，成为学校价值的领导者，这就是价值领导的重要性

被誉为"校长队伍建设领军人"的代蕊华教授在《中国教育报》上谈到校长是一个学校的灵魂，有什么样的校长，就有什么样的学校，而校长的教育思想、办学理念，对师生的态度是校长办学的灵魂。校长要不断强化自己的价值领导意识，不断推进自己的价值领导实践，不断提升自己的价值领导能力。我们还应该注意，从各种方面来说，校长要关注正确的、适合的、创新的教育思想指导，并基于校长的教育思想来改变学校管理，来推动转化学校各方面的工作。为此，校长应该"更加注重核心价值的提炼与确立，注重价值的引领与认同，注重价值的践行与提升"，以及注重价值的辐射和带动，这样才能成为教育家型的校长。

我们要强化校长的价值领导力，还需要进一步提炼更加上位概念的教学思想，彰显教育思想鲜明的社会性、独特性、前瞻性、艺术性、系统性的特征。一种思想，不仅是引导人才培育的风向标，更是一盏指明灯，特别强调要有更加上位的哲学思想，更为落地的教学实践。办学教育思想不仅是引导人才培育的风向标，更是教师发展的指明灯，影响教育环境的催化剂，带动区域教育共生发展的动力。所以，作为一种教育思想，除了专注培育什么样的人之外，更应该具有多方面的教育关切，这是教育思想的张力和效益。例如人民教育家于漪的教育思想是"人文说"，李吉林老师是"情境教育"思想，我们应像教育家那样思考，要像教育家那样教书，像教育家那样育人，像教育家那样管理，从中凝练出对"新时代教育"的理解与实践。

（二）课程统领，丰富的课程供给，推动人才培育模式的改革

教育部副部长郑富芝在 2020 年的 12 月 5 日首届中国基础教育论坛暨中国教育学会第三十三次学术年会上指出：建设高质量的基础教育体系的六个强化之一，就是培养模式的强化创新。要改革培养模式，就要增加课程的丰富性和选择性，为培养兴趣、挖掘潜能提供更多机会和支撑。学校应更好地基于学生个性发展和全面发展，有效地落实国家课程、地方课程；同时注重丰富多样，

高质量、成体系的校本课程构建，推动三级课程融合，切实发挥特殊育人载体的作用。在当前"三位一体"新时代的培育体系中，"三位"从主体上讲，是统一于时代新人即学生个体身上的，大教育、大德育、个性化教育、多领域兴趣四个抓手在内容上有一定的重叠性和分散性，再凝练是关键。我认为三个基本特征和四个抓手应当高度统一在课程里，体现在与国家课程的有机融合和与地方课程的巧妙渗透中，使校本课程丰富多彩，从而通过实现课程统领，形成完整的育人体系。

（三）充盈内涵，推动学校育人内容和路径更加的深入机理

陈丁校长注重挖掘运用地方文化——"三线"精神，这是攀枝花人的宝贵财富，也是攀枝花外国语学校重要的教育资源，把"三线"文化融入教育教学之中，就成了育人的新载体、新渠道，非常值得赞赏和学习。在教育思想实践中，学校主要是通过组织学生参观"三线"文化基地、聆听讲解，使学生深受鼓舞。但精神来源于生产实践，是内化了的实践经验，因此，"三线精神"还应与教育教学深度融合，丰富形式，在这里我提出几点不成熟的意见供陈丁校长思考。

其一，将"三线"精神在国家课程所有的学科教学中适时适切地渗透。

其二，编写"三线"精神的校本读物，开发"三线"精神的主体校本课程。

其三，将"三线"精神与劳动教育、美育相结合，在劳动实践中体会和弘扬"三线"精神，学习鉴赏"三线"精神有关的艺术作品，引导学生创造"三线"精神的作品。

其四，将"三线"精神与"五一"国际劳动节及学校育人平台相结合，开展丰富多彩的学生活动。

其五，创建"三线"精神的场域文化（校本文化馆），灵活运用学校楼梯、走廊故事等营造文化氛围。

攀枝花外国语学校围绕国学经典开展了一系列活动，培养学生的文化自信，这一点非常重要和可取。建议品精华，成系列，可实践，要尽可能符合初中学生特点。正如楼宇烈先生指出的"诵读优秀传统文化经典，树立民族文化主体意识"，不是穿了汉服唐服就学习到了优秀文化之精髓。在教育思想中，除了弘扬中华优秀传统文化外，更要加强中小学的国际理解教育，传承中华传统文化的同时，我们要"向世界传播中国声音，树立青少年人类命运共同体的意识"，这也是教育部等 8 部门有关加快和扩大新时代教育对外开放的意见。建议还要积极发挥外国语学校自身办学特色，加强国际理解教育，将学生家国情怀的培育与国际视野并重，讲好中国故事，传播中国声音，培养具有跨文化胜任力，可堪民族复兴大任的时代新人。

（四）为时创新，勇于探索新时代学校育人的新实践

培养守正、多元、创新的时代新人，其中创新是核心。应加强未来学校的建设，促进育人环境和育人模式的创新。第一，新技术与教学的有机融合，推动教学学习方式的创新。第二，加强学习科学研究和实践，让学习更科学。在 AI 视野下培养教师的信息化素养与能力，将创新人才培育与"强基"计划关联，发挥为基础教育学科输送创新人才的作用，服务于新时代国家的战略要求。

（五）雕章琢句：遇见更加"精致"的教育思想

未来，还需要促进教育思想中"守正""全面"和"创新"三者的均衡发展，加强"三位一体"中创新精神的培养。"重智、轻德、弱体、缺劳"是我们教育亟须重视和矫正的现象。"品德"和"品质"的内涵能不能凝练到一块？是全面素养好，还是多元素养好？全面素养比较难达到，是不是用多元素养能更好一点？论述之余，希望再挖掘和补充鲜活的教育案例和故事，通过典型丰富的案例和触动人心的故事，让我们领略新体系下更加鲜活的教育生态。攀枝花市外国语学校的教室里"节约好比燕衔泥，浪费好比河决堤"这句话让我受到启示，即要从小的角度入手，更好地落实教育思想。

另外，思想的凝练应该是实践在先，根据我们丰富的实践继续提炼思想，守正创新需要多元素养的价值取向和实践。我在思考，陈丁校长的教育思想能不能称为"新公民教育"。因为整体来看，已经有了"新公民教育"的影子，从守正创新多元素养时代新人培育的价值取向出发，梳理出更为简洁明晰的教育新思想和实践，以更好地促进、引领我们教育人学习。"笃守正道，以新制胜"，知常明辨者赢，守正创新者进，新时代构建高质量教育体系，推进育人方式的变革，通过这种梳理，让我们更加地坚持守正要与创新相统一。守正是根基，固本培元，守住立场，守住根脉；创新是源泉，开拓创新，以新的理念、思路、办法培养创新人才。但"虚幻不实，变灭不常"，我们既需要"八戒"遵守教育的规律，又需要"悟空"，这个"悟空"既指创新，又要体悟到在时代巨变中，我们知行合一做教育的路还很长。

　　攀枝花市是以花命名的城市，花是一座城，城是一朵花，因其花朵的颜色都为红色，花开五瓣，中有花蕊，也称英雄花。这不由使我联想到陈丁校长与教师们的教育思想与实践不就是以"立德树人"为"花蕊"，学生德智体美劳全面发展不就是绽放的五片红色花瓣，我们期待在美丽的季节里，学生全面发展，生活美好。

　　总之，感谢陈丁校长有温度、有深度、有创新、有未来视野的教育智慧分享。也期待到美丽的攀枝花，到具有教育情怀的陈丁校长的学校去学习，促进我们更好地办好教育。因未深入全面了解，观点难免偏误，仅供参考，不当之处大家斧正，谢谢！

优化系统设计

——推进初中教育高标准建设

　　立足新发展阶段，落实新发展理念，谋划新发展格局，是时代赋予我们的重要使命。在先进教育思想的指导下，加强教育教学改革，培养学生全面素质，促进基础教育高质量发展，是凝心聚力办人民满意的基础教育的重要任务。在陈丁教育思想的引领下，陈丁校长带领攀枝花市第二初级中学校和攀枝花市外国语学校的教育团队，以人民为中心，顺应时代诉求，坚持以习近平新时代中国特色社会主义思想铸魂育人，不断优化教育系统设计，推进初中教育高标准建设。一是构建"大德育"体系，培养具有"守正"思想的时代新人；二是树立"现代化"的理念，培养具有"多元"品质的时代新人；三是启迪学生"多领域"兴趣，培养具有"创新"精神的时代新人；四是秉承"大教育"思想，完善具有"开放"特征的办学体系。陈丁校长及其团队以此为基础，积极探索"精品＋特色"办学之路，以"五育并举"为核心，"三全育人"为路径，学科组建设为驱动，积极推行"疑探助学，四环递进"高效课堂改革；积极打造青少年思想政治教育精品课程、现代信息技术"科技"精品课程、课堂教育教学改革精品课程；积极推动学校心理健康教育特色发展、艺体教育特色发展、学校社团活动以及校园文化建设精彩纷呈。陈丁校长及其团队改革成效突出，将攀枝花市第二初级中学校、攀枝花市外国语学校创建为西部基础教育名校。

第四章

党建引领，
全面深入贯彻党的教育方针

第一节　宣传校园文化，培养学生全面发展

一、党建活动

市外国语学校党委下辖 4 个党支部，99 名党员，以一校两区四点全面推进党的建设，坚持党的领导，发挥好基层党组织的战斗堡垒作用；为走进群众，服务群众，创建了市外国语学校党员志愿服务大队，4 个党员志愿服务分队，下辖 1 个团员小彩虹志愿服务大队；开展陈丁名校长工作室志愿送教活动、"阳光小梦想、快乐微公益"学子结对圆梦活动、生命教育红十字应急救护员志愿者活动、青少年心理健康教育党员志愿服务活动、新冠肺炎疫情防控党员志愿服务活动、学生开学放假党员志愿服务活动以及为市外滇西北川西南学生上学回家安全护航志愿活动等一系列党建品牌、项目；选派党员先锋示范岗 45 人参加市红十字会、市教育和体育局等 4 家单位共同主办的 10 场心理健康教育进校

园活动，多次开展专场心理健康教育讲座、性健康教育讲座、生命教育活动及强化生命应急救援技能培训；积极联合市红十字会培养了 1 名党员应急救护师、9 名党员应急救护员，在课堂上开展生命教育和生命应急救护技能培训；开通"学子专车"，组织党员志愿服务者开展党员市外学子上学回家的安全护航行动；整理维修了 10 间周转房，增加了 60 张教师午休铺，解决师生员工后顾之忧，提高了教育教学效率。

二、党史学习

学校党委开展"学党史、感党恩、听党话、跟党走"的青少年党史学习教育活动，传承革命意志，赓续红色血脉。学校充分利用攀枝花英雄纪念碑、排雷英雄等红色资源，以及中国三线建设博物馆等地方特色文化，开展结合党史教育和革命传统教育活动，组织学生参加"学党史、感党恩、学英模事迹、铸爱国情怀"等系列活动 4 场，组织庆祝中国共产党成立 100 周年暨党史学习教育演讲比赛 3 场，爱党歌曲演唱和爱党报国美术作品参加多项市内外展演活动。学校创新开设党史学习教育移动课堂，组织 75 名党员干部参加攀枝花纪检监察学院举办的市外国语学校党员干部党史学习教育培训班，通过攀枝花学院、彝海结盟纪念馆、彝海结盟纪念碑和西昌卫星发射基地等移动课堂展开现场教学。

在党建引领下，学校教育教学事业蓬勃发展，2021 年被市委教育工委推荐参加首届四川省百所党建示范校的创建工作。

第二节　提升德育实效，引领学生思想进步

学校德育工作围绕立德树人的根本任务，以活动为载体，认真做好全员育人，全过程育人，活动育人，环境育人，服务育人，努力提高德育的实效性。

一、构建"法律进学校"和"禁毒教育进学校"立体化育人模式

为促进平安校园、法治校园建设，针对初中学生身心特点，学校从公检法机关分别聘任了高素质、精业务的 2 名法治副校长、1 名法律顾问和 53 名法治班主任，通过搭建各种平台，形成学校、家庭、社会"三位一体"的师生法治教育宣传渠道，并通过主题班会、国旗下的讲话等系列活动，培养学生的法治观念。

二、学校团委锐意进取、担当实干，打开团队活动新局面

校团委严格落实党建带团建，狠抓团队建设，坚持开展入学教育、主题教育和青蓝工程等特色工作，全面提升服务能力，展现青年敢于担当、勇于奉献的精神风貌。学校"小彩虹志愿服务分队"被评为攀枝花市 2018 年度"十佳志愿服务组织""攀枝花市首届中小学生优秀社团"，学校团委被评为"四川省五四红旗团委"，学校被教育部关工委评为"主题教育读书活动 我为祖国点赞"示范学校、"新时代好少年"主题教育读书活动"美好生活 劳动创造"先进集体，学校被评为"四川省志愿服务示范校""四川省关心下一代工作先进集体"。

三、重视心理教育，探索心理健康教育最优化模式

学校重视心理健康教育，认真贯彻落实《中小学生健康教育指导纲要》，将心理健康教育纳入学校工作的总体规划，成立了由校长任组长的心理健康教育工作领导小组，建立了心理咨询室，配备了两名具有国家二级心理咨询师资格的专职老师，面向全体学生开展形式多样的心理健康教育活动，探索创立心理健康教育最优化模式。学校重视心理健康个案分析，建立学生心理健康档案，找准学生的精神需求，开发和设计教育内容，保证心理咨询室、心理热线的开放时间和正常运行，使学生不断提高认识自我、调控自我、承受挫折、适应环境的能力，培育健全的人格和良好的个性心理品质。在高度关注个案的基础上，学校对初二年级和初三年级学生分别开展青春期的心理健康讲座和"应对中考，缓解压力"的心理疏导，有针对性地开展工作，从而保证了心理健康教育的有效落实。学校开发青春期健康教育课程，编写校本教材《攀枝花市外国语学校青春絮语》三卷及《攀枝花市外国语学校心灵智慧》教师卷，因心理教育特色明显，获得"四川省中小学心理健康特色学校"称号。2020年5月，学校组织竹园校区和华山校区班主任老师开展了"花有清香意随行 舒卷自由悦心晴"和"花间心世界，书香莳花人"的花草疗愈体验减压系列活动，增强教师的情绪调控和处置问题的能力。2021年1月分别为初一和初三年级家长举办"用心陪伴，花开有时""做'神兽'的好助攻"心理健康讲座，疏导家长焦躁心理，帮助家长找到解决孩子心理问题的方法，缓和家庭矛盾。

第三节 课堂提质增效，开发学生智力潜能

近几年来，我校教育教学质量稳步提升，呈现高位递进趋势。学校先后获得义务教育教学质量一等奖和义务教育教学质量突出贡献学校称号，加盟全省20所优质初中组建的"四川初中英才教育协作体"，彰显构筑理想课堂的显著成果。

一、深化教学改革，云班教学助力高位竞进

与成都交大电子有限责任公司联合创建"智慧课堂"，与我校"疑探助学，四环递进"课堂教学模式深度融合，打造我校智慧课堂特色教学模式。我校两校区现共有52个班级，全部实行云班教学。我校根据云班教学特色，制订《攀枝花市外国语学校云班教师考评方案》，督促教师创立云班教学特色，制订《攀枝花市外国语学校教学类校级年度评优奖励方案》，鼓励教师不忘初心，热爱本职工作，争先创优。我校建立资源平台、教研备课平台、云课堂平台等，真正实现高效课堂；多模式开展课前、课中、课后作业的批改，真正实现分层作业；质量监测覆盖课前、课中、课后，海量题型随时选配，真正做到了全面了解学生学习状况；学生个性化学习彰显特色，错题本及对应知识点习题的自动生成、教师针对性的微课辅导帮助学生真正实现一对一实效辅导，课堂教学改革让每个学生都有显示自我的机会。在疫情防控期间，我校云班教学成效显著，为我校2020年中考取得优异成绩奠定坚实基础。

二、结合课题研究，探讨高效课堂实施策略

学校现有省级课题"基于混合学习的线上教学资源建设与应用研究——以

初中数学学科为例"、市教育综合改革试点项目"利用信息技术建立以学生发展为本的新型教学关系"、市级课题"系统推进'疑探助学，四环递进'教学法改革研究""初中散文阅读教学现状及策略研究""衍纸在初中美术、政治教育的实践研究"等 17 个市级课题。

学校将教学与课题研究相结合，探索教学资源、教师和学生对高效课堂教学的影响，探讨研究高效课堂教学的评价标准，探讨不同教学内容实现高效课堂的实施策略，不断整合和优化各种教学方式，为提高教学质量探求新方法。在课题研究中，教师智慧不断被激发，教师在实践中获得专业成长，其论文、课件、微课等在各级各类评比中获奖。

三、研发卓越课程，积极构建双色课程体系

双色课程，一是指围绕优化整合后的国家课程和地方课程开展的教学活动，二是指培养学生兴趣，优化学生思维的第二课堂教学活动。

（一）整合国家课程和地方课程体系

教研组坚持"以研促改、以改促研、研改结合"的教研工作模式，做到集体备课，资源共享，真正落实同课异构；根据学生的实际情况，制定和落实分层教学和辅导措施，达到面向全体、共同进步的目的。教研组每月开展一次大教研活动，确定教研主题，确定主讲人，形式多样，整合教材体系，实现有特色有亮点的学科教学。例如：语文组开发阅读写作读本，提升学生的阅读写作能力；英语组开发自主优化疑探学案，从听、说、读、写四方面全面打造英语教学新模式；数学组以省级课题《基于混合学习的线上教学资源建设与应用研究》及市级课题《利用移动学习终端突破初中数学重难点知识研究》为突破口打造数学卓越课堂，《利用移动终端突破初中数学重难点知识研究课例》《平行线的判定突破重难点设计》《有理数的混合运算突破难点设计》等多套课例及多个微课、论文获得省市级奖项；化学组以课前自主学、课堂互动学、课后高效练为主线开展教材整合研究，重视理论与实践的融合，使学生对知识更易理解、消化、吸收；政治组改革课堂教学模式，开展"论坛式"课型研究活动。

（二）研发校本课程，培养学生核心素养

（1）学科拓展类课程，如理化创新实验课、地理眼、生活中的数学、名著鉴赏、由外教授课的英语口语课等。

（2）社团形式的第二课堂活动，如每周两节的日语、法语、韩语、俄语等小语种选修课程，播音主持、动漫、中国舞、书法、素描、衍纸等多种类美育课程，篮球、排球、田径、乒乓球、跆拳道等体育类走班选修课程，无人机、创意电子、机器人、趣味编程等创客课程。

（3）开发主题班会序列化课程，编成《初中学生德行风向标30集》，帮助学生明理导行，改变主题班会随意性大、效率低下的现状，增强主题班会教育的实效性。

四、健全导师引领，形成教师成长共同体

为更好地发挥骨干教师的引领作用，学校建立了骨干教师成长档案袋，制定了《攀枝花市外国语学校骨干教师考核细则》，建立健全了导师带教制度，以一对一带教形式每年与青年教师签订带教协议，确保青年教师快速成长，同时激励带教导师自身向更高更强发展，互助互利，形成教师成长共同体，强化过程管理、细节管理，打造良好的学术氛围。

第四节　常态开展体育，培养学生健康体质

学校高度重视体育工作，每年定期召开体育工作会议，研究部署体育教育教学工作，按时组织"学生体质健康标准"测试工作并根据大数据掌握学生体质健康状况，有针对性地做好最终分析总结，制定措施并落到实处，形成自己的优势和特色，全面提高我校学生的综合素养，确保体育中考成绩一直名列前茅。

（1）学校整合优化体育教学内容，编撰体育校本课程，针对学生选修体育项目不同、身体素质不同尝试进行课后服务体育走班制教学，效果良好。

（2）学校定期组织一系列的体育活动和竞赛，如致远阳光俱乐部校园阳光体育节，年级篮球赛、排球赛、乒乓球赛，等等，内容丰富、形式多样，为学生搭建一个参加体育锻炼的平台。

（3）学校成立学生田径队、篮球队、排球队等校级体育代表队，由专职体育教师任教练，对训练队的学生进行严格管理，坚持每天两小时、周末四小时的训练量，各训练队均在市级大赛中取得良好成绩。学生李宏辉 2018 年在新加坡举办的第十三届花样游泳国际公开赛中获得青少年双人组合、集体组合两项冠军，2019 年在全国第二届青年运动会花样游泳比赛中荣获女子乙组自由自选项目铜牌，2020 年在"猫人杯"全国花样游泳锦标赛中获得银牌；学校排球队在 2019 年攀枝花市第八届运动会中男子排球队、女子排球队均获银牌，田径队共获得金牌两枚，银牌一枚，铜牌一枚，其他奖项若干；徐敏同学在初中组女子 400 米的比赛中以破纪录的成绩收获金牌，同时她本人荣获"优秀运动员"称号；学校在 2020 年攀枝花市第三十九届中小学校暨中等职业学校学生田径运动会中获得团体总分第二名，获第一名 2 个，第二名 4 个，第三名 5 个，其他

奖项若干；学校排球队在 2021 年攀枝花市青少年排球锦标赛中获男子乙组第三名、女子乙组第七名、女子丙组第五名；严竖杰同学在 2021 年四川省青少年运动会田径锦标赛中夺得标枪第八名。

（4）学校广泛开展阳光体育运动，保证学生每天一小时的体育活动时间。学校体育组在全体性、科学性、创新性、安全性的原则下有计划、有组织地开展丰富多彩的学校大课间活动，荣获"四川省大课间体育活动视频评比一等奖"。

（5）我校长期以来一直以"校园篮球运动"为抓手，积极组织和开展篮球运动，以篮球启智、篮球育德，将校园篮球与学校文化融为一体，为学生的健康成长创设平台，取得了丰硕成果。女子篮球队在 2020 年攀枝花市青少年篮球锦标赛中获得女子甲、乙组双冠军，男子篮球队获得男子甲组第二名和乙组第三名的优异成绩；在 2021 年攀枝花市国家级青少年体育俱乐部篮球比赛中获初中女子第二名，初中男子第四名；在 2021 年四川省青少年运动会篮球锦标赛中获得女子乙组第八名及"体育道德风尚奖"。我校被教育部评为"全国青少年校园篮球特色学校"。

第五节　美化校园环境，提高学生审美素养

一、加强学校艺术教育工作，促进学生全面和谐发展

学校每学年都会举行一次大型的校园文化艺术节、一次书法绘画展，取得了良好效果，艺术成绩硕果累累，获市一等奖的校歌《攀外，我们起飞的地方》和舞蹈《蓝花楹之花影》参加四川省第九届中小学生艺术展演活动分获一等奖和二等奖，学生艺术实践作品有 12 项获市级奖项。学校在攀枝花市中小学生2020 年艺术展演活动市级专场比赛中获合唱专场一等奖，朗诵专场一等奖，活动专场三等奖。孙瑞柠和李钱瑶同学的书法作品在攀枝花市教育和体育局举办的庆祝"中华人民共和国成立 70 周年"中小学生美术、书法作品展中获二等奖；宋思锜同学在攀枝花市教育和体育局举办的第 26 届"走进新时代　改革开新篇"青少年爱国主义读书教育活动中获一等奖；蒋季殊老师在第十五届中小学生艺术展演活动美育改革创新优秀案例中获三等奖；温晓梁、文钎伊、董泠杉三名同学在第十五届中小学生艺术展演活动美术、书法类中获一等奖。学校合唱团在第十五届中小学生艺术展演活动合唱类中获一等奖，2021 年合唱节目《旗》《走进美丽走进神奇》荣获攀枝花市第十五届中小学生艺术展演表演类一等奖，并选送参加四川省中小学生艺术展演。

二、营造书香校园，促进师生共同成长

我校以"阅读、成长、超越"为理念，统筹整合各项教学资源，提升师生人文素养。

（一）打造书香环境，创设阅读氛围

校园是孩子们的筑梦之地，校园图书馆更是散发着温暖明亮的人文之光。2019 年 11 月，校内建成攀西一流的师生图书馆，馆内书香茶香交融，思想文

化碰撞，成为辐射社区周边的意识思潮集合地。校园图书馆强化学生学习氛围，增大学生阅读量，开拓学生思维，培养学生课外知识探究等能力，让师生在学习之余，享受文字带来的另一种美妙，让师生在校园内也能找到让身心自由、心灵平静的好去处。校园图书馆占地面积 420 多平方米，基建投资 62 万余元，设备设施 12 万余元，书品配置 18 万余元。免费借阅书籍目前 5000 余册，计划 3 年配置 2 万余册。

华山校区建成教师书吧——职工之家，配置了一体机、电脑、多台平板电脑，有各类书籍近千册，增添多盆绿色植物，整个书吧环境幽雅、整洁宽敞，为教师阅读、教研等活动提供舒适场所，被攀枝花市总工会评为攀枝花市"职工书屋"示范点。

学校投资 15 万余元为 52 个教学班级配置图书柜，接受家长捐书，鼓励学生把自己感兴趣的书或读过的书拿到班级进行交流，让阅读融入学生学习生活的点点滴滴。

（二）教师阅读，促进专业成长

学校鼓励教师自我培训，自学提升，每年花费 2 万余元为教师购买《卓越教师的理性成长》《孩子可以更优秀》《做有工匠精神的教师》《给教师的 101 个教学锦囊妙计》等教育教学书籍。学校要求教师每年至少写一篇读书心得或教育随笔或教育教学论文并由学校集订成册，每学期我校都有大量教育心得或随笔或论文发表或获奖，教师们的每一篇文章都闪现着思想的火花，渗透着对教育的思考。读书、反思、写作让教师的教育观念不断转变，教学模式不断创新，教学设计明显优化，教科研水平明显提升，教学业绩稳步上升，阅读正悄然改变着我校教师的行走方式。

（三）学生阅读，塑造美好品行

化整为零浅读书。每天早上第一节课前 20 分钟为学生们的固定朗读时间，中午午休前、晚自习前 20 分钟为学生自由阅读时间，学校书吧全天开放，学生可自由借阅图书。

阅读指导深读书。每周一次的阅读课或写作课，让学生们在教师的指导下领悟阅读技巧，吸收、消化文学经典，体会生命的神奇与美好。

假期生活乐读书。为了让学生们接触到更多优秀的经典书目，每学期放假前，学校语文组会根据各年级的特点，向学生们推荐优秀书籍，让学生们在假期仍能相约经典，共享读书快乐。

书香班级爱读书。班级开展趣味阅读活动，如写小随笔、读书卡片摘要、漫画心得、编写手抄报等，让学生在读书的过程中把精彩词句、段落摘抄下来、描绘下来，之后反复琢磨、体味，为写作积累素材，达到让经典走入记忆，流淌到笔尖的效果；班主任着力打造班级诗意文化，将学生们的读书心得编写成系列丛书，记录学生们初中阶段的成长历程、心态变化，成为学生们踏入青春伊始的珍贵礼物；以班为单位开展辩论赛及"我把好书推荐给你——书香校园主题"汇报活动；借鉴央视"经典咏流传"的节目，每周一至周三中午2：30—2：40全年级统一咏唱"经典咏流传"中的经典诗词，让学生在轻松的氛围里学习和传承传统文化。

（四）亲子阅读，构建和谐家庭

学校通过家长会向每位家长发出倡议，让每位家长认识新教育，明白新教育实验对孩子的影响，从而积极参与到新教育实验中来。读书活动走进家庭，发挥了学校教育无法代替的作用。亲子阅读让淡漠的亲情变得亲密，让紧张的家庭氛围变得融洽，书香校园向书香家庭的延伸，不仅让孩子多了一个阅读的场所，而且改变了孩子的成长环境。

系列书香校园活动弘扬了爱国情操，培养学生知恩、感恩师长培育之情，提升了师生的幸福指数。2019年5月，朗诵作品《我是中国人》荣获攀枝花市中小学生迎接"中华人民共和国成立70周年"艺术展演活动二等奖，9月我校开展"我给教师写一封信"活动，12月举行"爱国、诚信、文明"书画展活动。

第六节　开展劳动教育，培养学生劳动习惯

　　攀枝花市外国语学校重视开展劳动教育，将劳动与技术课程纳入学校课程体系筹排课。学校组织生物、地理、物理、化学、道德与法治和健康教育教师编撰了《攀枝花市外国语学校劳动与技术教案集》，其内容围绕植物的认知、种植、养护，职业生涯规划，社交礼仪及生活常识，生活中的物理与化学，身体健康和疾病预防等进行安排。

　　学校不断深化基础教育改革，推进实施素质教育，在华山校区设立了专门的劳动基地，安排兼职教师在初一年级进行授课。为了促进学校教育与校外教育相结合，学校积极联系相关企业，如行远牧业、金海·滨河坊等单位，开展了"金海·滨河坊"等系列非遗文化活动（图4-6-1）。学校充分利用攀枝花本土文化特色以及劳动资源开展研学活动，从小培养学生的生态意识、环保意识；让学生了解生态农业、学习生态农业、体验生态农业；让学生了解攀枝花阳光康养旅游产业的新景点，同时培养其热爱祖国、热爱家乡的情怀。

图4-6-1　金海·滨河坊非遗文化活动合影

一、攀枝花本土特色劳动研学旅行

（一）行远牧业农业基地劳动研学旅行

在行远牧业园区参观了蛋鸡分选车间，学生们学习了现代工业标准蛋鸡养殖及鸡蛋分选知识点，了解了日常生活中鸡蛋之间的区别与营养价值。在有机音乐牛场喂养体验点，学生们化身为牛场小饲养员，了解了各种肉牛以及奶牛的科学饲养方法（图4-6-2）。

图 4-6-2　行远牧业喂牛

学生们到园区有机蔬菜基地体验了有机蔬菜种植，并学习了芒果科普知识（图4-6-3）。

图 4-6-3　行远牧业种菜

行远牧业的工作人员举行了一场有奖问答活动，学生们积极发言，将学到的知识活学活用起来。

（二）攀枝花特色——苴却砚制砚公益参观（图4-6-4）

图4-6-4 金河坊手工制作

在苴却砚博物馆，学生们了解到中国苴却砚博物馆既是苴却砚特色产业的地标，也是攀枝花阳光康养旅游产业的新景点，观赏了苴却石艺术品、苴却砚、根雕、书画等多件艺术藏品，并在制砚专家的指导下，亲手参与体验瓷器釉上彩与苴却石的打磨与雕刻（图4-6-5），拥有了一件世界上独一无二的属于自己的作品，并体验传承千年的艺术魅力，初步了解攀枝花特有的非遗文化。

劳动研学旅行让学生体会到了很多课本以外的知识，开阔了眼界，挑战了自我，并且学会了团结合作、互帮互助、文明有序、善于分享，收获颇多。教育需要实践，成长需要体验，让孩子们在"游"中"学"，从而落实立德树人的根本任务，全面推进素质教育。

图 4-6-5　学生体验苴却石的打磨与雕刻

二、安全重于泰山，扎实做好安全工作

（一）进一步完善制度，确保安全措施落实到位

我校结合我市教育和体育局最新安全责任清单制定了校园安全责任清单，明确学校 37 个岗位的安全职责；依照《四川省突发公共事件总体应急预案》和《四川省教育系统突发公共事件应急预案》，制定了各类安全预案 20 余项和 18 项校级安全规章制度。

（二）认真做好各种值班工作，切实抓好学校安全防范

做好学校日常安全巡检。做好日检、周检、月检工作，认真落实干部值班值守、门卫 24 小时校园及周边巡检制度，重要时间段和活动中增加保卫人员、加密巡查频率，等等，以此来构建安全、和谐校园。

（三）强化学生安全教育，增强防范意识

学校每月设置一个安全主题，每月进行一次安全疏散演练，节假日放假前开展安全教育、主题班会，通过安全教育平台加强学生安全教育，让学生树立

安全意识，提高安全综合素质。学校高度关注学生的身心健康，通过对包含生活教师在内的全体教职工培训学生两类危机处理办法。学校荣获"2020年度攀枝花市教育体育系统安全工作先进集体"荣誉称号；学校安全教育平台得分为282.84分，排名市直属单位2021年上半年第一。

第五章

"法治"建设，
推进初中教育高质量发展

第一节　站在"法治"建设前沿阵地的人

——记"四川十大法治人物"之一攀枝花市二中校长陈丁

昔者先君桓公之地狭于今，修法治，广政教，以霸诸侯。

——摘自《晏子春秋·谏上九》

2015 年 11 月 17 日，成都，新华宾馆。

下午三点，一群扛着"长枪短炮"的媒体记者鱼贯而入。大厅幕墙上，"法治中国·走进四川"几个大字赫然耀目。这是 2015 四川法治人物公众推荐活动媒体见面会会场。

站在聚光灯下，一个着藏青色上装，精神焕发，戴着眼镜，蓄着寸发的儒雅高个男子，在鲜花点缀的发言席上，面对省依法治省办领导和全国五十多家新闻媒体记者，朗声做关于《落实"三"四教育举措，让法治精神扎根校园》的发言……

他，就是陈丁，四川省攀枝花市第二中学校长。在此次见面会上，他经过层层推荐、专家评审、组委会研究、网络投票和网上公示的评选过程，从入选的 121 位候选人中高票胜出，成为全省十大法治人物之一，也是全省教育系统唯一代表。

2015 年是我国法治建设年。在这一年里，我国涌现出了一大批法治建设的前沿者，陈丁就是其中的一位佼佼者。在见面会当天，面对媒体记者，陈丁讲述了多年来开展法治教育的经历。

初出茅庐　专业意识引领法治人生

学校作为公民教育的主阵地，义不容辞应当挑起"法治中国"建设的重担。

——陈丁

2015 年 47 岁的陈丁，20 世纪 60 年代生在四川农村。虽然家里贫困，他却靠苦读勤奋，16 岁就考上了绵阳师专政史系。1987 年他毕业支边到了攀枝花市八中（现攀枝花市实验学校），任政治老师。1998 年 6 月他于西南政法大学法学专业本科毕业，2010 年获广西师大教科院教育管理硕士学位。

初到八中任教时，由于当时整体社会大环境不是很好，他便发现学校调皮生多。初中学生正处于青春期，只要老师批评教育言词较重，就会产生逆反心态，与老师对吵，甚至要打老师。而且，一些学生与学生、学生和社会青年为了所谓的面子、义气，争强斗狠，时常发生打架斗殴事件。最多一次，他要协助德育主任处理 4 起学生打架斗殴事件……如此情况之下，学生的管理教育非常困难。

"要改变这种现状，法治教育是一个必不可少的法宝。"于是，在学校专攻法律、政治专业的陈丁主动向学校请缨，协助学校相关领导处理相关事宜，有意识地运用专业知识去引领学校领导依法治校。

一位朋友获悉后，叹息劝道："小陈老师，你们学校这种局面已经由来很久，前面很多领导都无力改变，你去逞什么能！'枪打出头鸟'！干好了是领导的成绩，干出问题，全是你的责任，何必呢！"

闻言，陈丁沉思一会儿，说："我知道，但我是老师，我不能眼看着我教的学生将来一事无成，甚至成为社会'垃圾'，祸害社会。"

坚定信念，坚定目标。在政治教学中陈丁不仅倡导向学生灌输政治法律知识，还以行动践行"法治"理念。他找到辖区派出所，邀请民警到学校给学生上法制课，在武警攀枝花支队的大力支持下，成立校园护卫队，阻止社会青年与学生打架斗殴，维护学生的安全和学校的教学秩序。

言必行，行必果。很快，随着校风的逐渐好转，他的一举一动，赢得了学校师生和家长的好评，他也被推举为学校教工团支书，随后，又很快被任命为学校德育主任。

28岁那年，陈丁成为市教育局直属学校最年轻的副校长，分管学校德育、总务、卫生、治安等工作。"当上了领导，意味着肩膀上的担子更重了，责任也更大了。"在那个学校"开放"得没有围墙的时代，陈丁与八中的德育老师一起，在学生中广泛开展法治教育工作，他一面抓学生的法治教育，一面与社区、街道、派出所取得联系，共筑学校治安联防体系，并在全市率先成立物业安保公司，聘请专职保安守护学校师生的安全。

"初中学生进入青春期，在这个时段，最容易产生叛逆心态，也最容易出错，这不仅需要老师付出更多的耐心，还需要老师转变教育的方式方法。"陈丁认为，只要学校、教师尽心尽力，初中学生的行为习惯是可以纠正的。

为改变学校校风，改变学生的坏毛病，他将全校有打架斗殴等不良习惯的学生集中到一个班学习，亲自教这些学生。每天这些学生到学校上课，陈丁所做的第一件事，就是检查他们是否携带了刀具等危险物品。最初一个月，他每天都会在一些学生的身上搜到几把各式刀具。每次搜到刀，陈丁都会将这些学生单独喊到办公室，用一些真实发生的典型法制案例，耐心地给他们上法制课，纠正他们那种大哥大、为朋友两肋插刀的江湖义气和行为。从市八中毕业，现在在市某单位工作的刘江说："那时候，我们对陈校长是又怕又敬，害怕出错被批评，敬他一心工作，让我们有了一个好的学习环境，有了法制观念，才不至于犯更大的错误，甚至走上犯罪的道路。"

终于，陈丁的努力使学生的行为习惯得到了逐渐转变，也正是因为校风的好转，学生成绩的提升，陈丁获得了师生家长的一致好评。

"20世纪90年代初，市八中学校周边秩序比较乱，学生放学常受到不法人员侵扰，陈丁经常带领学校老师巡逻，很晚才回家。"曾和陈丁共事的一位老师说。正因为有了陈丁副校长及大家的共同努力，市八中逐渐变成了家长羡慕、学生争先恐后报考的好学校。市八中也因此先后获得了"市级文明单位""市级卫生红旗单位""社会治安综合治理优秀单位""市级园林式单位"和"四川省校风示范学校"等众多荣誉。

首开先河 给学生家长上法治课

法治教育不能只针对孩子进行，还应该给父母进行普法。

每位老师都应该带头学法，只有这样才能将法律知识言传身教。

——陈丁

2002年，因工作需要，陈丁调任攀枝花市第二初级中学任教学副校长。

虽然由德育副校长变成了教学副校长，角色变了，但他的"法治"理念却在教学管理中发挥出了更加明显的作用。

陈丁刚到市二中任职时，市二中设备设施及教学条件很差，教师教学状态不是很理想，学生学习投入度不足。社会青年经常在学校周边甚至到学校里闹事，打骂学生。甚至有一次，一群社会青年强行将一名学生拉到附近的二街坊花鸟市场进行打骂。学校学生威胁、辱骂任课教师的事情也时有发生，甚至个别教师不愿意来学校给学生上课。学校学生每年的中考成绩一直不理想。

如何破冰？

在了解了市二中的具体情况后，陈丁决定走三步棋。第一步，整治校风，开展普法宣传。第二步，抓教学质量。第三步，将法治教育和德育融为一体，打造四川省初中名校、法治示范学校。

为了让自己的依法治校理念得以贯彻，陈丁将自己的想法汇报给校领导，在获得校领导同意后，陈丁多次召集学校教师开会，反复讲解强调自己的依法治校理念，要求全体教师认真自查自纠依法执教、文明执教的行为，并和学校签订责任书。陈丁充分利用教职工大会、党员大会、普法学习时间等，组织教职工学习相关法律法规，提高全体教师依法治教、依法治校的自觉性，并带头写学法笔记，参与学法笔记评比活动。

"法治学也是社会学，普法教育、依法治校，不能只抓学校。"2003 年，在学校领导和教师的大力支持下，陈丁根据学校实际情况，在全市首开先河——每学期的家长会上，专门安排时间，给学生家长上一堂普法课，从心理、法律等方面给家长讲解传授心理学、法律知识。

学校周边环境复杂，学生的安全得不到保障，学生没有法制观念，就无法保障学校的正常教学秩序。陈丁将原来在市八中的工作经验借鉴到市二中来，采取依法治校措施，维护学校师生的安全和校风。

2003 年 1 月，陈丁在学校领导的支持下，开始聘请专业保安人员进行 24 小时值班、巡逻；同时，积极联系辖区派出所、巡警大队，一旦发现有学生参与社会打架斗殴，便通知派出所民警将该名学生带到派出所去做笔录口供，在口供材料上按手印，回到学校，还会被罚写检讨、接受处分。对校外来学校滋事、打骂学生、教师的社会青年，陈丁请求派出所依法从重从严处理，这一系列举措有力地震慑了来学校滋事的社会青年的嚣张气焰，严肃了校风校纪。

"从2002 年到2009 年，市二中属于整治校风的阶段，抓纪律、抓教学质量、抓校风、抓安保……工作很多，陈校长带着我们每天工作超过 14 个小时。"陈是键老师回忆起那几年说，为了搞好工作，陈校长每天早上 6 点 30 分到学校，晚上 11 点多才回家。幸亏陈校长的妻子也是教师，能理解他的工作，换其他行业的人，早就有意见了。

2007 年的一天，初二（3）班的一名学生打乒乓球时被另一同学无意扇掉了门牙，其家长要求巨额赔偿。陈丁亲自出面，用有关法律跟家长反复交涉，并通过学校聘请的律师参与调解。"工作不厌百回做"，陈丁终于使家长、学校找到了一个各方都能接受的办法，成功化解了纠纷。

学校是普法教育的主阵地，青少年是法制教育的重要对象，"六五"普法工作启动后，陈丁作为"六五"普法的主要领导之一，积极策划开展各项普法教育活动，在学校师生中掀起了一股学法、知法、守法热潮。学校师生开始意识到法律的作用和重要性，学校的"法治"教育氛围开始浓厚起来，不断地规范办学行为，促进了校园的和谐平安。

建章立制　开启依法治校之路

对法治的认识高度，确立了"法治教育"在学校的定位。

依法治校，不是一句口号，必须有规章制度，而且必须按章执行。

——陈丁

作为学校管理者，教师要贯彻一项教育计划，完成预设的教育任务，制度保障就显得尤为重要。

从 2002 年开始，陈丁在学校领导和教师们的大力支持下，开始走访调查，琢磨如何去完善学校各项规章制度，他先后走访了东区公安分局炳草岗派出所、攀枝花市中级人民法院、攀枝花市检察院、攀枝花市律师协会，听取、收集、整理了大量关于依法治校的好建议，并用了两年时间，依法完善了学校各项规章制度建设。

2010 年，陈丁领导学校德育处教师开展《推进内部管理体制改革，建立现代学校制度》的课题研究，进行现代学校制度改革试点，开展以学校《章程》建设为核心，完善现代学校内部治理结构，推进依法治校和民主管理的改革；整理印发了《攀枝花市二中规章制度汇编》，涉及法治教育制度的就达十二项，教师人手一册，反复学习并贯彻落到实处。在履行规章过程中，陈丁充分发挥教代会的职责功能，完善科学民主决策机制。凡是学校发展的重大问题、涉及教职工切身利益的重大事项都必须经教代会审议通过并严格执行。2010 年讨论"绩效工资考核发放方案"时，他亲自主持，经过三个晚上从七点到十点钟的连续讨论，广泛听取教职工建议，最终达成一致意见，形成了完善方案，保障了绝大多数教职工的合法利益，充分体现了公平、公正、公开的分配原则。

依法治校，制度和执行是关键。在陈丁的倡议下，学校建立健全了以校长为主要负责人，法治副校长及其他校领导和德育部门共同参加的依法治校领导小组和普法教育领导小组，分工十分明确。由学校牵头，工会、德育室、学安室等部门组成具体办事工作组，制定了《市二中普法教育工作规划》《市二中依法治校工作方案》，与各部门、各教职工签订了《攀枝花市二中安全和普法教育工作目标责任书》，明确了各自的工作职责，使其卓有成效地开展工作。

落实依法治教，教师的法律意识和法治观念是前提。陈丁深知这点。陈丁敏锐地感觉到抓好"法治"教育对学校的重大意义。为此，他把普法教育放在了重要位置。"六五普法"期间，他领导全校教职工学习法律知识，尽管他是法学专业毕业，但还是坚持学习不辍；在全校教职工中，他的学法笔记是最完整的。他不仅学习，还思考总结法治教育经验。他的关于学校法治文化建设的论文，在"2015 全省中小学校园法治文化建设研讨会"上荣获一等奖。除教师普法，他也开展学生法治教育。陈丁十分注重法治教育的效果，在他的倡导下，学校普法做到了"四有"（教学有大纲、学习有教材、任课有教师、课时有保障）、"三落实"（组织机构落实、工作职责落实、工作经费落实）。全校学生法制教育普及率达到 100%。

经陈丁倡导，学校全体教职工都树立起了这样一种观念：学校的一切事务都应按照国家有关法律法规办事，做到有法必依、有章可循，人人依法执教、敬业爱岗，否则就不称职、不合格。

规章制度的完善，让市二中的教学质量有了质的飞跃。通过大力开展"法律进学校"、依法治校、依法治教、预防青少年违法犯罪等一系列工作，市二中的教育教学质量得到了快速提升，2010 年以来持续在全市初中中保持领先地位。

市二中 2013 年 4 月成功创建为四川省"首届川派初中名校"（全省 24 个），2014 年 4 月又被确定为"四川省五大初中质量名校"，并在全省进行质量展示。2014 年 8 月，市二中在全国第二届"关爱明天、普法先行"——青少年普法教育活动中荣获"零犯罪学校"称号。

请进走出　让法律之花开在学生心中

走出去请进来，才能让孩子们从法治受教育者转变成宣传员，让更多人知法守法。

——陈丁

学校毕竟不是司法机构，其对象又主要是"未成年人"，对师生的法治教育，只能采取多种途径和方法，通过与学校教育诸元素的融合与渗透，大力营造法治环境和文化，在潜移默化中，以"润物无声"的方式达成"法治教育"的目标。

2015年3月13日，市二中100余名初二学生来到市拘留所，参观监控室、管教室、询问室、会见室。当学生们走过关押室，隔着铁栏看见里面的在押人员穿着囚服，整齐地排成排，静坐在监室内低头反省，没有过多的言语……前去参观的学生沉默了。回去后，一名学生在日记中写道："走进高墙铁窗，从此失去自由，这次亲眼看到拘留所里的情景让我十分震撼，也明白了什么叫违法的代价……"

2015年5月22日，市二中学生在参加了学校与市中级人民法院组织的社会实践活动"模拟法庭开庭活动"后，在日记上写道："只有亲身去当一次法官，当一次陪审员，审一次案子，才会知道法律的重要性……"

"在民警叔叔给我们讲述了一个个鲜活的毒品案例后，我们明白了吸毒不仅危害我们的身体，还危害社会……我们一定要远离毒品……"2015年6月26日，市二中学生在校园参观了市公安局禁毒缉毒支队展出的毒品实物，并观看了禁毒缉毒支队民警以案说法宣传展板内容后，心灵受到了深深的震撼，纷纷当场签名表示要远离毒品、拒绝毒品。

……

学校开展法治教育，校长是关键。校长的法治意识和行为，直接关系到法治教育开展的力度和深度。

2010 年以来，在陈丁的安排组织下，市二中充分利用学校周边的法治教育资源开辟第二课堂，采取"走出去请进来"的措施，组织开展了社会实践、法制专题讲座等内容丰富、形式多样的"法律进学校"活动，并聘请当地律师事务所律师任学校法律顾问，将学校工作全面纳入法治化轨道。

法治教育与中华民族的传统文化紧密结合。在加强法治教育的同时，陈丁在学校倡导开展学国学、明事理、讲法制活动，加强《弟子规》等传统文化灌输，不断通过诵读、表演、班会、讲座等形式把"孝""悌""谨""信""泛爱众""亲仁""余力学文"等我国传统文化中的观点植入学生脑海中，融入学生生活学习中。

学生在进步过程中会遇到各种各样的心理困难，只有大力开展心理健康教育辅导，才能帮助学生养成良好法治习惯并妥善处理好成长过程中遇到的困惑和心理问题。

2013 年 9 月，"攀枝花市未成年人心理成长指导中心"在学校建成并投入使用。学校为心理中心配备了三名专职心理教师，扎实有效地开展心理健康教育工作。心理教师通过开展建立学生心理健康档案、筛查学生心理问题、上心理课、团辅活动、个体与家庭治疗等工作提升学生心理健康水平。工作中，心理教师根据学生知、情、意的心理特点进行教育，讲究教育的心理效应，晓之以理，动之以情，导之以行，帮助学生及时摆脱情绪上的痛苦，引导他们化解心理困惑，使其能冷静对待遇到的挫折和困难。

"法治之花"开始在学生的心中生根发芽，开花结果。许多学生在接受了学校的法制教育后，回到家里，将学到的法制知识告诉给爸爸妈妈、爷爷奶奶。寒暑假、双休日，市二中的学生积极参加社区实践活动，走上街头，协助交警叔叔指挥交通，在农贸市场、休闲广场给市民发放法律宣传小册子，成为交通法规、治安管理法、经济法的宣传员、传播者，得到了省市领导及兄弟学校的高度肯定和赞扬。

曾在市二中就学的现攀枝花市晚报编辑吴禹涵说："我在市二中读书时，陈丁还是我们学校副校长，学校经常开展普法宣传活动，我经常和老师同学们一起参加课外活动，到社区向叔叔阿姨、爷爷奶奶们宣讲法治知识。"

"让学生从受教育者变成宣传员、传播员的活动，形式新颖，效果突出，内容实在，一定要好好宣传介绍！"《四川法制日报》记者唐万贵在现场感受了市二中初一三班法治主题班会后兴奋地说。

重点关注　体现以人为本

德育和法治教育不是孤立的，应把二者结合起来，上升到"以人为本"的高度来认识。

——陈丁

学校功能重在教育，教育方法得当，学生就会拥有自信心、自尊心，就会对学习充满渴望。

市二中作为一所划片区招生的义务教育学校，后进生比例不小。怎样教育后进生，尤其是一些"问题学生"，就成为学校教育的难点。

陈丁出身"德育"，又有政治、法律专业素养，2010年还取得了广西师大"教育管理学"硕士学位。深厚的理论知识和广阔的办学视域，给了他足够的自信和办法。

陈丁常与教师们说，德育和法治教育不是孤立的，应把二者结合起来，上升到"以人为本"的高度来认识。这就使德育工作有了更大的空间。

2010年，陈丁任市二中校长后，他的"依法治校"思想得到了充分践行，取得了显著成效。

学校教师最关心的是学生成绩，在教学上总会想尽一切办法来提升学生成绩，一些教师甚至为了提高学生的成绩，不断给学生施加压力，导致学生在学习上产生反感情绪，觉得社会上那些邀请他们吃喝玩乐的人才是给他们温暖的人，因此而走上犯罪道路。

对此，陈丁要求教师依法执教，维护学生的人格尊严，主张师生平等，善待后进生，狠抓师德师风建设，使市二中多年从没出现过教师违法违纪事件。凡遇教师有不规范的言行，他都会及时找教师谈话，讲法规、讲制度，及早避免了有违师德师风事件的发生。他自觉运用法律手段化解了各种矛盾，如有教师因情绪而做出过激行为时，他会在第一时间帮助教师排解。尤其出现在师生间、教师与家长间的矛盾，他总能运用法律、规章很妥当地给予化解。

在市二中任教的周玞赤老师说，开始整顿教师执教之风的那几年，经常看到有女教师因为责罚学生、敷衍教学，被陈丁校长叫到办公室，挨批评，哭着走出办公室。

学校除了落实“德育首要地位”外，在他的主持下，还制定了《市二中重点关注学生行为习惯养成跟踪管理办法》，为违纪较严重的学生建立专门档案，实行重点跟踪关注。他要求德育处、班主任、任课教师密切配合，加强对这部分学生的持续管理和耐心教育。学校实行干部教师分包“问题学生”制，层层落实责任，及时联系家庭教育，帮助学生矫正不良习惯。他自己每年分包教育两名问题学生，不管多忙，都抽时间和学生交流。而一些工作方法简单的教师，一遇到棘手的学生，总是将他们“提溜”到校长身边，让校长处理。陈丁并不生气，总是主动承担起教育责任。

陈丁认为，教育是对人一辈子负责的事。“品德不好的人，本事越大破坏力也越大。”让学生在学校就接受法治教育，形成法治观念，进入社会哪怕只能做个普通人，但能遵纪守法，也是教育的成功。教育的产品是“人”，只有“以人为本”，才是教育的真正属性。正是这种“全人教育”的办学思想，让陈丁的办学路子越走越宽。

“陈校长刚来那几年，正是电子游戏流行的年代，市二中周围又是老旧小区，居民开设了许多电子游戏室和桌球室，许多孩子不想上学就跑去玩游戏、打桌球。”在市二中当了20年教师的教科室主任陈是键说，“那时候，陈校长每天都要带着几位德育处的老师去周边游戏室、桌球室‘揪’学生。”

2009年的一天，一个初二的学生因沉迷电子游戏被家长骂，便逃课跑到游戏室里连续打了两天电子游戏，一开始班主任还以为孩子生病在家，但后来和其家长联系后，才发现孩子居然不在家。陈丁获悉此事后，赶紧会同学生家长带着德育处的教师到学校周边四处寻找，最后在一间电子游戏室找到了该学生。陈丁将逃学学生带回学校进行批评教育后，将其列为重点关注对象，安排德育教师重点帮扶。一位社会青年见状威胁陈丁，说陈丁再多管闲事就“废”了他。面对威胁，陈丁淡然处之，说他是我的学生，家长将他交给了我，我就有责任教育好他，你们敢动我一下，公安民警和法律就饶不了你们。后来，该学生顺利考上高中。在离开学校那天，他跑到陈丁的面前恭恭敬敬地鞠躬说："陈校长，没有你们的关心和帮助，我可能就'废'了，根本没有机会上高中继续读书，谢谢您！"

2014年，初二年级有个女生，有爱拿同学钱物的不良习惯。班主任私下找这个学生询问，但她矢口否认。班主任做了大量工作，可是这个学生并未就此改正，仍然我行我素，拿了同学的东西还公然拿出来使用。有一次，这个学生拿了同桌的笔记本，在未擦去同学名字的情况下就直接使用。班主任报告德育处后，准备给予她处分。陈丁知道后，亲自找该生谈话，并与家长、教师保持一致，本着保护、教育学生的原则将她列为学校的重点关注对象，启动重点关注程序。陈丁要求这个女生每周向他汇报一次本周表现。经过持续八周时间的重点关注、帮扶后，这位同学终于认识到了错误，从此再没有出现私藏同学钱物的情况，跟同学的关系也融洽了。

像这类重点关注转化学生的事很多。陈丁在原市八中就曾将年级30多名特别调皮的学生集中起来，自任班主任后，采取多种措施教育转化，特别是法治教育，收到了良好效果。"陈丁不怕吃苦，那么多捣蛋的学生他硬是管下来了！"当年的同事不无感慨地说。

2015年5月，省委宣传部和省依法治省办领导来校视察"法律进学校"工作，在看、听、感受了二中的法治教育后，赞扬说，市二中"把重点学生教育转化纳入法治教育是一个创新"，给予了高度评价。

三点结合　家校社结合打造法治教育网络

建设法治中国，不是一句口号，而是要落实到行动中。

全民守法是法治中国建设的基础。

学校法治教育不是孤立的，必须加强与家庭、社会的联系。

——陈丁

　　还在市八中做副校长时，陈丁就注重与外界联络加强学生法制教育。那时，居委会工作人员、派出所干警、市武警支队教官都是他常联系的对象。而家庭教育，更是加强学生品德教育不可或缺的重要渠道。任市二中校长以来，他充分发挥他"内稳外联"的工作优势，把二街坊社区、炳草岗街办、巡警、派出所、市法院的关系维系得十分紧密。

　　外联，首先对家长进行法治宣传教育，形成良好的家庭环境。上个年级有个孩子习惯不好，还翻窗偷了教师的钱，而家长法律意识淡薄，教育孩子简单粗暴，陈丁主动约谈家长，向家长宣传"义务教育法"和"未成年人保护法"等，开展家庭法治教育指导。结果学生转化的效果很好，家长很高兴，又打电话又发短信表示感谢，还说要请陈丁吃饭。陈丁认为，家长法治意识强，才能直接助力于学校法治教育，教育效果才会明显。他充分利用学校"未成年人心理成长指导中心"的资源优势，亲自安排"心理中心"，每期至少组织两次"家教心理辅导课"，专门对一些行为欠规范的学生家长召开"把握青少年心理特征，有效预防违法犯罪"的专题家长会，每次会后陈丁都要与家长交流意见。

　　"心理辅导与法治教育相结合，拓宽了法治教育途径，这是市二中法律进学校的一大亮点。"市委常委张敏在全市法律先进学校工作现场会上如是说。

　　法治教育也需要良好的社区环境。陈丁经常带着学校教师主动与社区或派出所联系，加大校园及周边环境整治力度，并建立了常规联系制度。学校与社区、派出所、巡警大队等部门建立了良好的关系，积极主动地与他们沟通，定期召开校园及周边环境整治工作联席会议。每次会议陈丁都参加，分析学校周边的治安形势，与各部门共商整治措施。有段时间，社会不良青年在学生回家路上敲诈学生，这对学校法治教育负面影响很大。陈丁亲自带领干部教师和巡警配合，不分昼夜，连续跟踪半个多月，有效处理了不法社会青年，净化了学校周边环境。

　　学校还把公检法司的关系动用起来，在全校 35 个班聘任了法治班主任，不定期邀请他们为学生做法律讲座或上法治主题班会课。

　　为了向家庭和社会宣传法治教育，陈丁调动了学校的一切宣传手段，利用法治宣传栏、板报、校园广播、校园电视台作为普法教育阵地，使法治教育工作深入每一位师生和家长心中。特别是依托校园电视这个平台，专门开设"校园法治讲堂"栏目,把二中"法律进学校"的节目上传电视台,在班会课上播放。

刘芮妤 2013 年考上市二中时,正逢学校成立校园电视台,爱好文艺的刘芮妤立即报名参加了考试,并顺利成为学校电视台的一名成员。她说:"别小看我们电视台,我们每学期都要制作、转播二至三期法治节目,这些节目,同学们特别喜欢看。"

市二中学校学生会采编部长郑雨佳说:"以前是叔叔阿姨对我们进行普法宣传,现在我们是学校的普法宣传员,向同学们宣传法律知识。"

砥砺前行 扬帆远行需努力

法治宣传只有跟上时代节奏,才能永远站在法治建设前沿阵地上,才能让法治之花永远开在人们心中。

——陈丁

近几年来,随着电脑、智能手机的普及,人们已经开始广泛使用 QQ、微信等平台。

为了创新法治宣传手段,陈丁亲自筹建二中微信平台,通过校讯通、学校门户网站等与家长沟通,将依法治校的最新动态发送到家长手机上、电脑里。目前学校的微信关注度已超过 5000 人。学校用自身的影响来带动家庭,辐射社会。

时光荏苒,从教二十八年,陈丁已经从风华正茂的青年步入了成熟稳健的中年,他的法治办学理念也越加成熟。

从教二十八年,在市二中工作已超过十三年。在这十三年里的每一天,陈丁如一只辛勤劳动的蜜蜂,他的脚步踏遍了学校每个角落,检查卫生,安排各项教学工作,组织各项课外活动,调解学校教师与教师、学生与教师、学生家长和教师之间的纠纷。

百善孝为先。在市二中作为领头羊，陈丁以身作则孝顺父母。陈丁的岳父岳母已有 70 高龄，两位老人身体不好，陈丁的妻子工作又忙。于是陈丁主动每天 6 点起床，给两位老人做早餐，晚上如果被学校的事情耽误了，他都会给两位老人提前打电话。双休日、节假日，他都会亲自下厨给家人做美味佳肴。他的儿子感慨地说："我老爸就像我家的保姆！"

在市二中，正是他这种一言一行潜移默化地影响了身边的教师和学生，才能赢得全体师生的信服，才能将依法治校的理念贯彻下去，使市二中以良好的校风、高质量的教学质量赢得社会广泛赞誉。

普法教育和推进"法律进学校"工作，给学校各方面都带来了可喜的变化：2010 年学校创建为"攀枝花市依法治校示范学校"；2013 年被评为"攀枝花市本质安全型学校"；2013 年被四川省教育学会、省陶行知教育研究会评为"首届川派初中名校"；2014 年 8 月被全国关工委、司法部和中央综治委联合授予"零犯罪学校"，实现了多年"零犯罪率"办学目标。陈丁也被选为"四川省陶研会初中专委会副理事长"，并先后获得"四川省优秀教育工作者""攀枝花市有突出贡献专家""全国校园媒体建设'十佳'校长"等荣誉称号。省市级多家新闻媒体对其先进事迹进行了报道。

2015 年 6 月 3 日，攀枝花市"法律进学校"工作现场会在市二中召开，各区县教育局局长、学校校长 100 余人来校学习交流。陈丁校长的主题报告受到市委领导、市教育局和各县区教育界同人的高度肯定。

2015 年 5 月 7 日，省委副秘书长、依法治省办主任杨天宗在攀枝花市委常委、政法委书记张伟等同志的陪同下，来到市二中调研"法律进学校"工作。杨天宗副秘书长对学校"法律进学校"工作给予了高度评价，希望市二中进一步做实工作，积极总结经验，形成"法律进学校"的"二中模式"，争取在全省推广。

2015 年 4 月 14 日，省委宣传部纪检专员陈兴国、依法治省办副处长严跃、依法治省办干部王衍一行，在时任市委副书记杨自力等人的陪同下，到市二中专项检查"法律进学校"工作。省市领导参观了市二中法治教育展览，观摩了法律顾问林燕律师的法律课堂讲座，听取了陈丁关于"法律进学校"工作情况汇报，并进行了座谈。陈兴国专员对市二中"法律进学校"工作表示非常满意，他认为攀枝花市二中法律进学校工作扎实，效果显著，尤其对陈丁校长加强

"法律进学校"工作的认识、组织与实施给予了充分肯定,认为陈丁的法治意识和行为是决定一所学校法治教育成败的关键。

2015年11月17日,陈丁登上了"四川十大法治人物"光荣榜,成为全四川省教育系统"依法治校"的楷模。

"党的十八大提出依法治国,国家民主与法治建设任重道远,学校依法治校工作也远未到位,目前,我们所要做的是进一步抓好'法律进学校'工作。"陈丁说。《淮南子·氾论训》:"知法治所由生,则应时而变;不知法治之源,虽循古终乱。"虽然攀枝花市二中在全市甚至全省已经拥有了一定知名度,但依法治校的前行之路还存在许多困难,还需要他和全体教职员工一起努力,法治宣传只有不断适应社会需求、跟上时代节奏,攀枝花市二中才能永远站在法治建设的前沿阵地上,才能让法治之花永远开在人们心中。

(攀枝花晚报记者 苏勇)

第二节　落实三"四"教育举措　构建校园"法治"机制

建设法治中国，是自党的十五大确立依法治国基本方略以来，习近平总书记代表党中央提出的一个新的法治建设目标。其着力点在于"坚持依法治理，加强法治保障，运用法治思维和法治方式化解社会矛盾"。这昭示着中国法治建设将进入一个宪法统率、系统推进、追求实效的新阶段。推进法治中国建设，是全党、全国、全社会的重大任务，是全面建成小康社会的重要内容，是我党实行全面深化各方面改革的基本方向、基本内容和法治保障。

要把法治思想贯彻到每一个公民心中，最终达到让每一个公民、组织、机构、单位、团体自觉"运用法治思维和法治方式化解社会矛盾"，学校作为公民教育的主阵地，义不容辞应当挑起"法治中国"建设的重担。为此，我校在贯彻落实教育部《全面推进依法治校实施纲要》和《四川省教育系统深入推进依法治教行动计划（2015—2020 年）》过程中，着力推进"法律进学校"工作，以高度的法治思想认识和对学生未来负责的精神，全方位开展法治教育，努力营造"法治"教育氛围，创新方式推进依法治校，不断规范办学行为，取得了显著成效，促进了校园的和谐平安。梳理我校的法治教育活动轨迹，大致可以概括为三"四"教育机制的建立与落实。

一、落实"四项"举措，建立健全长效机制

（一）提高思想认识，加强组织领导

我校校长高度重视法治教育。学校在"六五普法"和推进"法律进学校"工作中，成立了以校长为组长，学校主要领导干部及法治副校长、法律顾问为

成员的依法治校工作领导小组，全面负责落实依法治校各项要求和任务。学校要求全体教师认真自查自纠依法执教、文明执教的行为，提高全体教师依法治教、依法治校的自觉性。校长带头写学法笔记，并开展学法笔记评比活动。

（二）加强民主监督与管理，推进依法治校

学校建立健全了教职工代表大会制度，严格按教育部 2012 年 1 月 1 日起施行的《学校教职工代表大会规定》做好职代会相关工作，完善科学民主决策机制，充分发挥职代会在学校民主管理和监督中的作用。学校严格执行"三重一大"决策机制，凡涉及教职工切身利益的重大事项都必须经职代会审议通过，一经职代会形成决议，决不能含糊，任何人不得凌驾于职代会及其决议之上。学校通过教职工代表大会等组织形式，依法保障教职工对学校干部进行民主监督的权利，切实维护教职工的合法权益。学校在管理中坚持做到：公开办事制度、公开办事程序、公开办事内容、公开办事结果，凡涉及教职工切身利益的事项向教职工公开，自觉接受师生和社会监督；实行民主监督和校务公开，拉近了学校干部与教职工、学校与学生、学校与家长的距离，增强了学校各项工作的透明度，起到了凝聚人心的积极作用。学校决策也走向民主化和法治化。

（三）开展现代学校制度建设，循章办学提高效益

学校根据依法治校的要求，主动承担了攀枝花市教育体制改革之《推进内部管理体制改革，建立现代学校制度》的改革试点工作。学校逐步理顺各种关系，完善以学校《章程》为核心的学校各项规章制度，建立适应学校发展需要的法治化管理体制，提高了教育公共服务能力。学校从去年开始，在政府督导团的倡议下，首次引入了第三方"社会参与评估"机制，引进社会机构对学校事务进行监督，实行学校目标管理社会考核，有力地促进了学校规范办学行为，向着"人民满意"的教育目标迈进。学校依法办学的成绩，多次受到市政府教育督导团的肯定和表扬。

（四）聘请常年法律顾问，提供法律咨询和保障服务

学校与攀枝花东荣律师事务所签订《法律顾问聘用合同书》，聘请专职律师为我校法律顾问。法律顾问具体职责：全面维护学校和全体师生的合法权利；严格遵循法律程序调查事实真相、分析论证，为学校决策提供法律意见、建议；及时出席相关部门为解决学校所涉特殊重大问题所召开的专题会议，切实履行顾问职责；维护学校在处理特殊重大问题中的大局稳定和良好社会效应。专职

法律顾问也是学校的法治教育兼职教师，不定期对学生开展法治教育。

二、突出"四个"重点，深入开展法治教育

（一）大力强化"五落实"

学校法治教育要抓得扎实，要在"教材、师资、课时、经费、考试"五个方面落地生根。学校按照这"五落实"要求，在全校教师中开展"法治"教育内容与学科教学整合的研究与评比活动，各学科根据各自特点找出与"法治"教育的结合点，适时地融合在教学之中，并整体开发出本学科"法治"教育系列课程。同时，学校编写了校本教材《德育学习手册》之《法治篇》，将法治教育纳入《思想政治》《生活·生命与安全》《家庭·社会与法制》等地方课程和校本课程教学中，使法治教育系统化、常态化，并由各学科教师和班主任、团队辅导员、德育人员保证课时。学校提供必要经费，组织学生开展法律知识竞赛活动和各种法律参观活动，形成整体的法治教育环境态势。

（二）配齐法治班主任

在公、检、法、司等部门的支持下，全校共聘任了36名公、检、法、司系统的同志担任各班法治班主任。法治班主任不定期来学校针对本班学生年龄、心理特点组织学生开展法治专题讲座、组织模拟法庭、带学生参观拘留所和戒毒所等，丰富学生的法律见识。同时，法治班主任通过一些行之有效的方式，对极个别学生的极端情绪和行为进行控制和矫正。

（三）设置班级安全委员

学校要求每班选拔一名认真负责的同学担任班级安全委员。其主要职责是配合学校做好班级同学的法治教育和安全工作，协助学校开展法治宣传活动。学校定期对安全委员进行培训。班级安全委员的设置，使学校法治教育和安全工作深入学生群体，有效地预防学校极端事件发生，及时消除安全隐患。

（四）抓好校园法治宣传

法治宣传是营造法治教育环境的最好途径。学校充分利用法治宣传栏、板报、校园广播站、校园电视台、校园网站作为普法教育阵地，使法治教育工作深入每一位师生心中，特别是依托校园电视台"校园法治讲堂"栏目，上传法治教育视频和学校录制编辑的"法律进学校主题班会"等相关节目。同时，学校利用"开学第一课"、国旗下讲话等方式，对学生开展相关法律法规的解读和

案例分析。学校还利用各类法律颁布实施纪念日，组织师生开展主题法治宣传日、宣传周和宣传月活动，强化学生学法、知法、尊法、守法意识，让学生学会依法维护自身合法权益。

三、做好"四方"结合，拓展法治教育空间

（一）把法治教育与传统文化教育相结合

青少年思想道德建设和法治建设是相辅相成的，学校在加强学生传统道德文化教育方面编写了传统文化学习的校本教材，如《弟子规》《论语》《中庸》等内容的选编及解读；开设讲座，对传统经典文化取其精华，加强正面灌输；不断通过诵读、表演、班会、讲座等形式把"孝""悌""礼""义""谨""信""泛爱众""亲仁""余力学文"等传统文化观点植入学生脑海中，融入学生生活学习中。特别对传统文化中的"法治"思想，校本教材中专门选择了一定的篇目作为教育内容供学生学习。这为法治教育打下了较为牢固的心理和思想基础。

（二）把法治教育与心理疏导教育相结合

学校利用"攀枝花市未成年人心理成长指导中心"建在校内的优势，扎实有效地开展心理健康教育工作，依托"中心"加强对学生的心理辅导，实施心理预防干预配合法治教育，避免学生因心理问题的挤压导致极端行为乃至违法犯罪。三年的实践表明，效果十分显著。这是学校"法律进学校"工作的一大特色和亮点，先后多次接受省"依法治省办"领导和市级领导的视察指导及兄弟学校的参观学习，均获得高度肯定和赞扬。

（三）把法治教育与重点学生群体矫正相结合

学校制定并落实了《重点关注学生行为习惯养成跟踪管理办法》，为有重大违纪行为的学生建立了专门档案，由德育处、班主任、任课教师以及家长密切配合，实行重点跟踪关注，持续开展管理和教育工作，层层落实责任，帮助他们矫正不良习惯。

（四）把法治教育与家庭和社会教育相结合

学校通过校讯通、校园网、微信等家校沟通平台，将依法治国的知识发送给家长，用学校的影响力带动家庭，辐射社会。学校利用家校沟通平台和家长会时间，主动向家长宣传有关青少年成长的法律法规，进行必要的家教指导。家长学校也定期通过家庭教育课程，向家长传授科学的家庭教育方法。学校与

社区或派出所联系，加大校园及周边环境整治力度，共商整治措施，净化社区环境，真正形成"内稳外联"管理模式，促进学生健康成长。三方合力，有望打破"五＋二＝零"的教育怪圈。

三"四"教育机制的建立和落实，使学校能够持之以恒地开展"法律进学校"工作，做到依法治校、依法执教，已然形成了"法律进学校的'二中模式'"。事实上，学校的法治教育工作也取得了显著的成绩，连续多次获得全市教育系统法治宣传教育工作"先进集体"称号。学校实现了多年"零犯罪率"办学目标，于 2014 年 8 月被全国关工委、司法部和中央综治委联合授予"零犯罪学校"的荣誉称号；2017 年荣获"四川省依法治校示范学校"称号，并被评为"四川省法律进学校示范基地学校"。这是学校大力推进"法律进学校"、预防青少年违法犯罪取得的重要成果，《四川法制报》《四川日报·教育周刊》《攀枝花日报》以及攀枝花电视台等多家媒体对我校"法律进学校"工作进行了报道。

2015 年 6 月，攀枝花市中小学"法律进学校"工作现场会在我校召开，我校在大会上做主题经验交流发言，受到市委领导、与会的区县教育局局长和校长们的一致好评。我校的成功经验，在 2016 年"四川省中小学校园法治文化建设研讨会"上获评一等奖并做主题发言，并在全省范围内产生了广泛的影响。我们将进一步抓好"法律进学校"工作，根据学校实际，不断创新思路，在特色活动和亮点工作中更进一步，整理出一套完整的法治教育教学体系，并积极总结经验，将"法律进学校"的"二中模式"推广开来，力争对更多学校开展法治教育提供借鉴和帮助。

（该文获2015年四川省校园法治文化建设研讨会一等奖）

第六章

育人先育心，心正则身正

——心育思想的开拓者

第一节　教育从心开始

在"重人格、启心智、育全人"育人目标的引领下，学校始终将心理健康教育作为学校德育的重要抓手，秉持"育心育德相结合，全员育心促成长"的指导思想，初步构建"一门课程，两步预防，三个结合，四重保障，全面服务"的学校心理健康教育机制。

一、建设一门校本课程，实现心理健康教育课程化

按照《中小学心理健康教育指导纲要（2012年修订）》要求，结合初中学段的学生心理发展特点以及根据访谈学生和教师的情况，心理教师和国家心理咨询师共同编写了《美丽心灵，青春同行》主题式心育校本教材，打造基础—

拓展—特色递进的立体式课程框架，保证每周 1 课时的团队辅导时间。

二、加强两步预防，实现心理健康教育"治未病"

（一）筛查

为了对学生可能存在的心理问题做到及时发现、早期干预和有效控制，心理健康指导中心每学期期初，例行使用中小学生心理健康诊断测验（MHT）开展全校学生心理健康普查，通过测评—反馈—追踪回访，建立规范的学生心理健康档案。

（二）关注

建立三位一体的心理危机预警机制：心理观察员—班主任—心理健康指导中心。班级心理观察员经过常态培训，依据《班级学生心理状态晴雨表》动态关注班级学生每周日常情绪、行为、心理变化的情况，不断优化从观察记录到上报反馈的信息通道，将校园心理安全工作深入学生中间，预防极端事件的发生，做到隐患排查，及时干预，预防为主。

三、注重三个结合，实现心理健康教育实效性

（一）充分发挥班主任群体的心理教育力量，开好心理班会课

由心理教师组织班主任开展读书会，学习心理健康教育和教育学中的心理现象、知识技巧，以一种更加活泼、生动、贴近心理和现实的形式开展活动。心理教师指导班主任通过调研掌握个性化心理辅导方向，并根据学生需求开展心理班会课。

（二）心理健康教育推动家庭教育知识普及

由学校校长、教学副校长、心理教师以及优秀的教师代表、家长代表组成家庭教育讲师团，利用好学校搭建的工作平台，创设线上线下家长学校，普及家庭教育知识，从心理学、教育学、家庭教育优秀案例、家庭教育问题征集等方面创设家庭教育大讲堂，指导家长积极学习，正确运用正面管理、非暴力沟通等知识和技巧，把对孩子的关心爱护表达准确，减少亲子矛盾。家校共向协同，教育合力助力学生成长。

（三）"心正"学生的"法治"早教

学校将法治案例和基本法律常识融入心理健康教育课堂，用鲜活的案例指

导学生学法、知法、用法；结合《道德与法治》课程，引入心理学知识，引导学生学习情绪调控技巧，用"法治"早教和心理疏导为学生的激烈情绪装上冷却剂，避免激情犯罪；培养心理委员，观察学习生活中同学的心理问题是否得到有效疏导，避免学生积压心理问题导致违纪、违规、违法，为学生系上人生中纪律这颗扣子。

四、确立四重保障，实现心理健康教育持续化

（一）保障阵地建设

2013 年，攀枝花市二中将"攀枝花市未成年人心理成长指导中心"作为学校专门的心理健康教育机构，中心占地面积 320m²，功能配备齐全，包含 9 个功能室：心理活动室、心理阅览室、个体来访室、生物反馈室、音乐放松室、能力训练室、沙盘游戏室等。

（二）保障师资配备

心理指导中心配备 2 名专职和 5 名兼职心理教师（心理学硕士 2 人，具有丰富一线经验的班主任 5 人）；另外，着力培养学校教师共同开展心理健康教育工作。

（三）保障师资培训

心理健康教育领域知识、技能、理念更新快，岗位专业要求高，我校保障心理专兼职教师专业培训不少于 2 次 / 期，线上线下相结合，组内教师专业提升"私人订制"。

（四）保障经费投入

设立心理健康教育专项经费，每年不低于 3 万元。心理健康教育教师在工资待遇、职务评聘方面均享受班主任同等待遇，这在攀枝花市内各中小学中属先例。

五、坚持全面服务，实现心理健康教育常态化

（一）坚持面向学生服务

面向学生群体，心理指导中心常态开展以下工作：建立学生心理健康档案，开设系统心理健康教育课程，开展集体心理健康教育讲座、团体心理辅导活动以及个体心理辅导。

（二）坚持面向教师服务

一个健康幸福的教师，才能教育出健康幸福的学生。学校高度重视教师工作满意度和心理幸福感，每年定期开展教师心理健康普查，定期面向班主任开展团体心理辅导活动，成立教师"心理爱好者协会"，定期开展心理主题沙龙。心理功能室面向全体教师开放，"菩提树""呐喊墙""涂鸦板""减压仓"深受教师们的欢迎。

（三）坚持面向社会服务

学校积极主办或承办省、市、县（区）各级心理健康教育研讨会、教育报告会和观摩活动。学校与攀枝花市第三人民医院心理卫生中心、市妇联、各类学校等单位多次开展深度交流，并组织专业队伍赴攀枝花市特殊教育学校、攀枝花市公安局（机关）、市交警支队各大队、攀枝花市东区公安分局、二街坊社区等地开展心理服务活动。学校整合各方心育资源，为社会服务。

如今，攀枝花市第二中学被评为教育部首批"全国中小学心理健康教育特色学校"；攀枝花市外国语学校荣获"四川省首批心理健康特色示范校""全国零犯罪学校"称号，学校心理健康教育工作也荣获四川省"首届十大初中教育创新成果奖"，成为全市中小学心理健康教育工作标杆。

第二节 育心融入初中教育全过程

找回遗失的钥匙

——运用焦点解决技术改善亲子关系的个案辅导

焦点解决短期治疗（Solution-Focused Brief Therapy，简称 SFBT）晤谈过程不同于以问题为焦点的传统咨询取向，转以侧重"建构解决之道"为焦点，通过赞美、成果问句、寻找例外、评量问句等技术，充分尊重当事人的方向，并以正向的、朝向未来的、朝向目标的积极态度促使改变发生。

一、个案概况

（一）来访家长基本资料

性别：男。年龄：42 岁。备注：我校六年级学生的父亲。

（二）问题概况

今天咨询室迎来一位焦躁忧愁的父亲。因为孩子日常行为习惯较差，在校表现不佳，在家常以不给玩手机就不完成作业为威胁。父亲很怕接到班主任的电话，因为那意味着孩子又惹事了。他心里为儿子着急，尝试通过谈话、打骂的方式进行教育，这不但没有效果，反而跟儿子距离越来越远。孩子进入六年级后，父子冲突不断。

上周因为孩子周末作业又全部未做，班主任请父亲到学校沟通。父亲得知孩子在校表现后非常恼火，回家没忍住脾气打了儿子一巴掌，儿子一气之下离家出走。所幸妻子很快把儿子找了回来，事后父亲非常后悔。现在儿子在家时，他尽量克制不去跟儿子说话，因为一说话就会吵起来。但是看着儿子的糟糕表现，父亲心里面又很着急，对儿子的教育非常迷茫。

二、焦点解决技术在个案辅导过程中的运用

（一）目标导向开场，问题简述阶段（搜集来访家长一般资料及家长自我介绍之后）

来访家长：最近为了儿子的问题，我特别烦。他总在学校给我惹事，作业也经常不完成。我说他两句，就会跟我吵。上周因为打了他一巴掌，他就离家出走。我现在为了不跟他吵架，尽量克制自己不跟他说话。但是看到他浑身毛病，成绩越来越差我又很着急。我现在都不知道怎么管他了！

辅导教师：你为了教育儿子，尽量控制住自己不与他发生冲突，并且还在积极地寻找解决问题的办法，这不是每位父亲都能做到的。所以今天来到这里，你希望通过咨询帮上你什么忙？（赞美来访家长，成果问句：目标导向的开场，初步形成咨询目标。）

来访家长：我希望儿子听话懂事，能改掉身上的坏毛病，学习自觉一点。不要我一说他，就跟我像仇人一样！

辅导教师：让儿子改掉毛病、学习自觉一点和跟你不要像仇人一样，哪个对你更重要，或者说你更想先聊哪个话题？（根据来访家长的意愿，初步建构咨询方向。）

来访家长：嗯……我想不要我一说他，他就跟我吵，我现在太难受了，有时候还要让他妈妈在我们之间传话。每次看到他对我那个态度，真想打他几下。

辅导教师：看着自己孩子身上的毛病肯定特别着急，儿子不理解还顶撞你，难怪你这么生气。你一说他，他就跟你吵。你具体说了他些什么？（一般化技术）

（一般化技术，SFBT辅导教师对来访家长在此处境中出现的情绪和状态予以接纳，并表示多数人也会出现类似反应，能促使来访家长对困境接纳及常态化地面对。）

来访家长：还不是他身上那些坏毛病。

辅导教师：嗯，比如说……

来访家长：比如说他总是在学校惹是生非，在家做作业的时候一直磨洋工，一天到晚就想找他妈妈要手机来玩儿。

辅导教师：看到儿子的这种状态，你很着急。

来访家长：是呀，我一说他，他就跟我吵，像仇人一样！

（二）寻找例外，建构良好目标阶段

辅导教师：在跟儿子的沟通中，有没有过他愿意接受你说话的时候？（例外问句，寻找来访家长自身具有的资源和方法）

来访家长：很少，他更愿意听他妈说，他妈妈比较惯他。

辅导教师：很少但还是有过，对吗？你愿意仔细回忆一下为数不多的他愿意接受你说话的事儿吗？（鼓励来访家长思考例外，从问题焦点转向解决焦点）

来访家长：嗯……（沉思）其实我儿子小时候喜欢跟我玩，我给他讲什么他也愿意听。

辅导教师：你讲什么都愿意听，包括讲他的缺点吗？

来访家长：嗯，他没做好的时候，我跟他说他不会像现在这样抵触。

辅导教师：如果让儿子说说在他眼中，现在的爸爸和小时候的爸爸有什么不同，你觉得儿子会说些什么？（关系问句，促使来访家长以儿子的视角思考。）

来访家长：现在的爸爸更凶吧！我也是着急啊，就是小时候对他太宽松了，现在他才有那么多坏毛病，再不严厉一点他就没救了。

辅导教师：你的意思是儿子小时候做得不好时，你对他会更宽容，那时候儿子也更愿意听你的。你的语气、说话内容是怎样的？（引导来访家长正向思考，讨论例外的细节，聚焦解决问题的思维形成。）

来访家长：嗯……语气比较平和，教他该怎么做。

辅导教师：那时候有没有跟他说"你怎么总做不好！""你再不改就完了！"之类的话？

来访家长：确实没有，那时候孩子小，觉得他能健康开心就好，对他也没那么高要求。最近他的表现越来越差，加上要上中学了，我就着急起来，觉得以前对他太宽松了，现在得赶快把他的坏毛病改掉，语气有点凶，也显得比较着急。

辅导教师：你很善于反思。如果把你现在对他的说话方式从1分到10分打分，1分代表最差，10分代表最好。你觉得现在跟儿子的说话方式在哪个分数上？（赞美技术，评量问句）

（评量问句，以1至10分量尺，请当事人进行评量；常将大的愿景或正向目标置于10分的位置，询问当事人目前的现况所在的分数，以及对照两者差异,进而询问现在与再进1分的不同,以及再迈进1分的方法,如此将可帮助当事人于接纳理解现况后,进而探讨如何推进一小步的行动。)

来访家长:4分吧。

辅导教师:为什么还能有4分,你怎么做到这4分的?

来访家长:我心里很生气,但还是尽量克制自己不发火。

辅导教师:能控制住自己的情绪很不容易。还有吗?

来访家长:有时候怕他不愿意听我说,我让他妈妈传话给他。

辅导教师:你尝试用不同的沟通方式,向他表达你的想法。我发现你为了儿子的成长,愿意坚持探索尝试不同方法(赞美,强化来访家长的优势)。如果需要再把分数提高1分,从哪开始改变对你更容易一点?(小步子鼓励来访家长向目标前进。)

来访家长:可能是更耐心一点吧,但是我现在看到他学习一点都不主动、懒洋洋的样子就会着急、失去耐心!

辅导教师:儿子有过表现得积极主动学习的时候吗?(例外问句,寻找来访家长心中儿子表现的例外。)

来访家长:他一般被请了家长,回家会自觉几天。

辅导教师:看来家长和老师配合教育,对儿子的学习有促进作用。(引导来访家长正向看待老师请家长来学校沟通的事情)

来访家长:好像是(笑)。

辅导教师:看来孩子并不是一直不自觉,他是有做得好的时候的。在你管理孩子学习的过程中,有没有因为你的行为,儿子学习比较主动的情况?

来访家长:有一次我出差回来很累,他妈妈正好不在家。我看他正在煮面条,就让他顺便给我煮一碗,没想到我儿子做的面条味道还不错。我夸了儿子几句,他那天表现特别好,吃完饭还让我休息,他主动去洗碗。那天我问他作业写完没有,他没有抵触,洗完碗就回房间做作业了。

辅导教师:仔细回忆一下,那天吃面条的时候你夸了儿子,你和儿子的状态是怎样的?(探究,详细了解例外的细节。)

来访家长:那天我出差回来很累,儿子给煮了面条,没想到还挺好吃的,我很惊喜,觉得儿子长大了,还夸了他能干。他那天也挺高兴的,做事儿比平时起劲儿多了。

辅导教师：如果这碗面你不知道是儿子煮的，或者说在外面餐馆吃到这碗面，你还会这么惊喜吗？（假设问句）

来访家长：那肯定不会，我儿子那么小能做到这个水平已经很不错了，餐馆做得应该要更好吃一点吧。

辅导教师：同样的一碗面，餐馆做的和儿子做的，你的感受却不同。你能思考一下是什么引起了不同吗？

来访家长：嗯……（沉思）我的心态吧，我觉得餐馆做得好是应该的，儿子做得好是超出了我预期。

辅导教师：哇，你是怎么想到"预期"这个词的？

来访家长：老师，你提醒了我。我对餐馆的预期比儿子高，所以儿子煮的面带给了我惊喜。

辅导教师：你的领悟能力真的很不错！你觉得吃面条的这次经验，跟你现在教育儿子的情况可能会有些什么关系，或者说对你有什么启发？（尊重赞美，提出一个联结）

来访家长：是我对儿子的预期太高了吗？

辅导教师：对孩子的未来充满期待是很正常的心态，有期待才有发展（一般化技术）。

来访家长：但是我想让孩子一下就达到我期待的样子，他却总是达不到我的要求，所以我越来越没有耐心，对他的语气也越来越凶，他开始抵触我。

辅导教师：你是怎么想到这些的（赞美）？下面你准备怎么去调整对儿子的预期呢？

来访家长：他的坏习惯不是一两天养成的，我想应该一个个慢慢去改正吧。

辅导教师：你的意思是通过降低预期，接纳孩子目前的状况，尊重孩子发展的节奏，小步子帮儿子成长吗？（强化来访家长选择的目标）嗯，如果你看到自己有什么改变，就知道自己做到了？

来访家长：看到儿子的毛病时不再那么焦急、发脾气。

辅导教师：你儿子希望看到你是什么样子的？

来访家长：应该是夸奖他做得好的时候，犯错的时候不再骂他。

辅导教师：你们的关系会跟过去有什么不同？

来访家长：应该会比现在好多了，至少不会更糟。

（三）暂停与反思阶段

辅导教师：对于你现在面临的问题，以及你能够在很生气和着急的情况下尽量克制自己、控制自己的情绪，并坚持积极寻找教育儿子的有效方法，让我印象非常深刻，这份坚持不是每位父亲都能做到的。（赞美）

由于考虑到和儿子的关系不再进一步变差以及希望儿子能有进步，你决心接纳儿子目前的状况，尊重孩子的发展节奏，降低对儿子改掉毛病的预期。这会帮助你更加耐心地教育孩子，这是非常重要的一步（桥梁）。

如你刚才所说，在孩子做得好的时候多夸奖他，犯错误的时候不再骂他，愿意跟他一起探索正确的行为，这些对你和儿子关系的好转都会很有帮助。你可以把今天提出来的这些方式尝试一下。如果你愿意可以记录一下实施过程中具体的细节和遇到的新问题，作为我们下周进一步探讨的素材。

（四）后续咨询

接下来的咨询，依据来访家长上周实践的情况，继续运用焦点解决技术，与来访家长继续探讨何处有改变，促使来访家长的问题朝向解决的方向进展。

三、后续对学生的工作

在辅导教师与班主任沟通后，班主任为这名学生安排了一个简单易操作又容易被全班同学注意到的任务：整理讲台上的粉笔盒、笔筒。孩子每天将讲台整理得整洁干净。班主任在全班表扬了他做事情认真负责，并把整洁的讲台拍照后在家长群中表扬。孩子和家长得到了很大鼓励。

四、回访

（一）来访家长反馈的信息

着急、发脾气、骂儿子的情况较咨询前明显减少，跟儿子能正常沟通交流。

（二）班主任反馈的信息

近一个月，学生的行为习惯有改善，书桌、书包较之前整洁，他的问题导致班级扣分的情况明显减少。

五、个案反思

本案例中的父亲，面对孩子的诸多问题非常焦急，希望能快速改变孩子的状态，但又不得其法，结果不但没能帮助孩子反而恶化了父子之间的关系，这又让他感到自责和懊悔。这位父亲的情绪是复杂的，既有对儿子未来的担忧，又有害怕儿子犯错误被请家长的烦躁，同时在抱怨妻子的过程中他是自责的。站在这团混乱的情绪中，这位父亲陷入了问题的泥潭，迷失了教育的方向，不知道该怎么做。

由于对问题的持续聚焦，这位父亲忘了改变的可能，而陷入一成不变的无力与担忧中。他把发生改变的希望寄托在外部，如希望心理教师劝说孩子。他并没有注意到自己内部拥有并决定着事情发生改变的主动地位。

咨询中，辅导教师运用焦点解决技术帮助父亲改善亲子关系时，并不是处于指导地位，也没有跟来访家长辩论或者一起过多分析问题产生的原因。辅导教师相信来访家长之所以来谈，是想要改变的、有能力改变的，以及会尽全力去做出改变的。辅导教师主要的责任是去创造来访家长对于改变可能性的一种希望，并且帮助他觉察任何正向改变的发生以及为什么能发生。

案例中深陷问题泥潭的父亲，在焦点解决的框架下，通过辅导教师的耐心引导，逐渐厘清自己的真实需要，以接纳现状不让问题变得更糟为前提，小步子向期待的目标进展。这种小步子带来的改变是很可贵的，其影响可能会是深远的。持续关注与扩展小改变的增加，将会导致大改变的"滚雪球效应"的出现。在来访家长实际存在的困境中，通过自己的每一次行动，发生的每一步小改变，他逐渐意识到解决问题的钥匙始终掌握在自己的手中，进而增强了他对问题解决的掌控感和信心，他所面对的困境将持续朝向未来的积极正确的方向发展。

参考文献：

［1］许维素.尊重与希望：焦点解决短期治疗［M］.宁波：宁波出版社，
    2018.

［2］许维素.建构解决之道：焦点解决短期治疗［M］.宁波：宁波出版社，
    2013.

（论文作者王卓，本文在成都市2021年中小学心理健康教育优秀研究成果

评选中获得一等奖）

一例一般心理问题的案例咨询报告

一、一般资料

王××，男，13岁，独生子，初二学生，与父母同住。父亲是个体商人，母亲是单位会计，家庭经济状况良好，父母双方家族无精神疾病历史。

用EPQ儿童版，测得E45，N70，P60，L45，显示求助者个性属于抑郁质。

二、主诉和个人陈述

主诉：半个月前，和母亲冲突后，反感和母亲说话，心中难受，情绪低落。

个人陈述：母亲成天批评我，嫌我学习成绩不好，嫌我一回家就知道看电视，不马上写作业。上次打我也是因为学习问题，我顶撞了她几句她就打我。其实我也知道她是为我好，可是她太能唠叨，总要管着我，就知道问作业完成了没有。我看电视她不让我看，可出去也没什么好玩的，而且我周围的几个同学学习都不好，我妈妈也不让我去找他们玩。我这几天就是觉得心里闷得慌，也没人能说说话。我懒得跟我妈妈说话，和她没什么好说的。她说别的话我就老实听着，一批评我，我就想顶撞她。我现在就是经常觉得难受，莫名其妙地难受，有无奈和无助的感觉，希望能够改善这种情绪，缓和与母亲的关系。

三、既往史

足月顺产，母亲身体健康，孕、产及哺乳期未服用特殊药物，身体健康，未患过重大疾病。

四、个人成长史及社会生活

6岁以前同外公外婆一起住，6岁以后跟父母同住。父亲工作忙，在家的时间较少，母亲对他学习方面寄予的希望很高，但他学习成绩一般。从小内向，事事较顺从。在学校人际关系一般，朋友不多。

五、咨询师和他人观察

咨询师观察到求助者身体和智力均发育正常，讲话声音清晰，意识清楚，言语流利，无幻觉、妄想，无智能障碍，自知力完整。随母亲同来时，话少、顺从。

妈妈反映：孩子性格一直比较乖，温顺，内向，不合群，朋友少，不爱说话，没有活力。自从被母亲批评后，他更加明显地表现出话少、没有活力的特点，从不主动和母亲交流。

六、病因分析

（一）生物因素
青春期的生理和心理逐渐成熟，使孩子渴望独立，渴望摆脱母亲的束缚。

（二）社会因素
（1）求助者小时候由外公外婆抚养长大，没有建立起与母亲的依恋关系，回到母亲身边后，由于母亲过高的要求和过多的批评，他对自己产生的负面评价较多。

（2）家庭教育严格，父母对其学习要求高。

（3）母亲忽视了儿子青春期独立自主的需求，引起矛盾冲突，并在冲突时打了孩子一巴掌，使得矛盾激化。

（4）求助者缺乏社会支持系统的帮助，与母亲的冲突未得到父母和朋友的理解和关注。

（三）心理因素
（1）青春期内心渴望独立，行为上却又不得不依赖听从母亲，在家长的约束下，体验到遭受外在压力的苦闷和无奈。

（2）性格内向，应对人际关系能力较差，缺乏有效解决方式。

七、评估与诊断

根据划分心理正常与异常的三原则，该求助者的主客观统一，知情意协调一致，个性稳定，有自知力，虽然是由母亲带来就医，但后来主动求治、配合良好，并且没有表现出幻觉、妄想等精神病的症状，因此可以排除精神病。

求助者心理问题是由明显的现实原因引起的，对照症状学标准，该求助者表现出情绪低落、厌烦等症状。从严重程度标准看，该求助者的反应不甚强烈，反应也局限在对母亲的态度上，没有影响逻辑思维等，无回避和泛化，没有对社会功能造成严重影响。从病程标准看，病程只有半个月。

根据以上依据诊断为：一般心理问题。

（一）主要表现

（1）情绪低落、心里难受。

（2）不想和母亲说话，反感母亲的批评。

（二）对求助者需要做的鉴别诊断

1. 与严重心理问题相鉴别

严重心理问题的初始反应强度强烈，反应已泛化，对社会功能造成严重影响，病程大于 2 个月。而该求助者的心理问题并不严重，没有对社会功能造成严重影响，持续的时间也较短，因此可以排除严重心理问题。

2. 与抑郁性神经症相鉴别

王 ×× 虽以情绪低落为主要症状，但没有兴趣缺乏、自罪自责、自杀意念等症，未影响社会功能和逻辑思维，心理冲突未变形、没有泛化，而且持续时间只有半个月，因此可以排除抑郁性神经症。

八、咨询目标与咨询方案

（一）咨询目标

根据以上的评估与诊断，同求助者协商，确定如下咨询目标。

1. 具体目标（近期目标）

和求助者建立充满尊重和信任的咨询关系，使求助者感到安全和信任，帮求助者探索自我，改善情绪，缓和与母亲的关系。

2. 最终目标（长期目标）

去掉求助者的价值条件化作用，发展求助者内部评价资源，使求助者更加信任自己，促进求助者自我成长。

（二）咨询方案

咨询过程分三个阶段：第一阶段是心理评估和诊断阶段，建立安全和相互信任的咨询关系，收集资料，进行心理诊断，确定咨询目标；第二阶段是咨询阶段，通过设身处地地理解的技术、坦诚交流的技术、表达无条件积极关注的技术，继续发展咨询关系，使求助者逐渐开放自我，自由表达自己的感受和情感，认识到自我与情感不协调的地方，逐渐认识自我、接受自我；第三阶段是巩固与结束阶段，使求助者把在咨询中学到的东西运用于今后的生活中，更加信任自己，不断发展自我，不断完善人格，提高心理健康水平。

主要咨询方法与适用原理：求助者中心疗法。

求助者目前的主要问题是处于成长中的第二反抗期，渴望独立自主，不再完全盲目服从成人，而母亲打了他一巴掌使矛盾激化、自我意识发展受阻，从而引起情绪失调，因此非常适合运用求助者中心疗法。求助者中心疗法建立在人本主义的哲学基础上。罗杰斯的基本假设是：人们是完全可以信赖的，他们有很大的潜能理解自己并解决自己的问题，而无须咨询师进行直接干预；只要提供适宜的环境气氛，建立有治疗功能的良好关系，使求助者体验到以前被自己否定和扭曲的感觉，学习接纳自己，增进自我觉察，他们就能朝着自我导引的方向成长。自我概念与经验之间的不协调是心理失调产生的原因。心理治疗的实质是帮助求助者去掉价值的条件化作用，充分利用有机体的评价过程，使人能够接近他原来的真实经验和体验，不再信任别人的评价，而更多信任自己。

九、治疗契约

（一）双方的责任、权利和义务

1. 求助者

（1）责任

① 向咨询师提供与心理问题有关的真实资料。

② 积极主动地与咨询师一起探索解决问题的方法。

③ 完成双方商定的作业。

（2）权利

① 有权利了解咨询师的受训背景和执业资格。

② 有权利了解咨询的具体方法、过程和原理。

③ 有权利选择或更换合适的咨询师。

④ 有权利提出转介或中止咨询。

⑤ 对咨询方案的内容有知情权、协商权和选择权。

（3）义务

① 遵守咨询机构的相关规定。

② 遵守和执行商定好的咨询方案各方面的内容。

③ 尊重咨询师，遵守预约时间，如有特殊情况提前告知咨询师。

2. 咨询师

（1）责任

① 遵守职业道德，遵守国家有关的法律法规。

② 帮助求助者解决心理问题。

③ 严格遵守保密原则，并说明保密例外。

（2）权利

① 有权利了解与求助者心理问题有关的个人资料。

② 有权利选择合适的求助者。

③ 本着对求助者负责的态度，有权利提出转介或中止咨询。

（3）义务

① 向求助者介绍自己的受训背景，出示营业执照和执业资格等相关证件。

② 遵守咨询机构的有关规定。

③ 遵守和执行商定好的咨询方案各方面的内容。

④ 尊重求助者，遵守预约时间，如有特殊情况提前告知求助者。

（二）咨询时间与收费

咨询时间：每周一到两次，每次 50 分钟。

咨询和心理测验收费：免费，因为求助者是咨询师所在学校学生。

（三）咨询过程

咨询阶段如下。

1. 心理评估和诊断阶段

第 1 次咨询：

（1）时间

2013 年 7 月 15 日。

（2）目的

① 了解相关资料。

② 建立良好的咨询关系。

③ 探寻求助者的改变意愿。

④ 找出王××当前急需解决的问题。

⑤ 与其协商确立目标。

（3）方法

摄入性会谈法、心理测验法。

（4）过程

求助者第一次咨询是由父母陪同前来。

① 填写咨询登记表，询问其基本情况，介绍咨询中的有关事项、规则。

② 摄入性会谈收集一般临床资料，了解学生成长过程，特别是有无重大事件发生，了解其家庭教养方式，父母对其的期望值，等等。

③ 做心理测验，并将测验结果反馈给王××本人。

④ 结合问题行为做初步分析。

⑤ 双方共同协商，确定咨询目标。（见前面）

⑥ 对家长提出建议，希望家长给孩子合理的定位，健全支持系统。希望家长了解青春期孩子的心理特点，充分尊重孩子的要求。推荐母亲阅读《生命的重建》和《好心情》，要求父亲近期多陪孩子出去玩玩，增加父子沟通，同时培养其兴趣爱好，帮他与他人发展关系。

2. 咨询阶段

第2次咨询：

（1）时间

2013年7月17日。

（2）目的

① 加深咨询关系，挖掘深层信息。

② 促进求助者自我觉察和自我表达。

（3）方法

求助者中心疗法、会谈法。

（4）过程

① 对求助者运用坦诚交流方式，提到咨询师曾经的青春期逆反，努力与求助者表达共情的交流，对求助者表达无条件的关注。

② 求助者谈到母亲让他找东西他找不到时母亲的批评，咨询师坦陈自己也

有过这样的经历，表达设身处地的理解和无条件的积极关注，帮助求助者辨别哪些是母亲的评价，哪些是自己真实的感受体验，增强求助者的自我觉察。

③家庭作业：记心理日记，记录自己的感受，增强自我觉察。

第3~4次咨询：

（1）时间

2013年7月20、27日。

（2）目的

①挖掘深层信息。

②促进求助者自我表达和接纳自己。

（3）方法

求助者中心疗法、会谈法。

（4）过程

①反馈作业内容，交流最近与父亲和哥哥一起出去游泳时的愉快心情及感受。

②咨询师捕捉到求助者对别人在身边的大声问话有轻微惊跳反应，咨询师表达关注及言语和非言语的理解。求助者谈到在公交车上遇见的售票员看起来样子很凶，很可怕；求助者谈到和母亲发生冲突时的细节及冲突后爸爸的表现和自己的感受，咨询师表达设身处地的理解和无条件的积极关注。

③家庭作业：继续记心理日记。

第5次咨询：

（1）时间

2013年8月4日。

（2）目的

①促进求助者自我表达和接纳自己。

②挖掘深层信息。

（3）方法

会谈法。

（4）过程

①反馈作业内容，交流最近的体会和感受。

②求助者回忆起大概六岁时曾经历一次父母亲的吵架，说非常可怕，自己

甚至连每个眼神、每个细节、每个脚步声都记得。咨询师表达设身处地的理解和无条件的积极关注。

第6次咨询：

（1）时间

2013年8月11日。

（2）目的

促进求助者自我表达和接纳自己。

（3）方法

会谈法。

（4）过程

① 反馈作业内容，交流感受和体验，求助者感到那个售票员不像外表看上去的那么可怕；和爸爸妈妈去游泳，发现原来妈妈胆子那么小却又好强。

② 家庭作业：继续记心理日记。

3. 巩固与结束阶段

第7次咨询：

（1）时间

2013年8月18日。

（2）目的

评估咨询效果。

（3）方法

会谈法。

（4）过程

① 对前面的咨询过程进行总结，请求助者谈自己的体会和感受，并总结在整个咨询过程中他的成长。

② 家庭作业：坚持记心理日记。

（四）咨询效果评估

1. 求助者本人和其他人的评价

（1）王××自述现在和母亲关系很好，一家人出去玩很开心。

（2）母亲说，非常感谢咨询师，自己原来的很多担心都是多余的，孩子现在情绪很好，自己和孩子关系也很好，以后要学着相信孩子，学着放手让孩子自己成长。

2. 咨询师评估

通过回访，了解到王××目前状态稳定，精神面貌较初访时大有好转，低落情绪消失，母子关系好转。咨询基本达到预期目标。

（五）总结

在本案例中，求助者处于青春期，因为与母亲发生冲突引起一般心理问题，情绪低落，并回避与母亲交流，有轻微行为退缩。咨询师较好地运用了来访者中心疗法，通过设身处地的理解、无条件的关注等技术与求助者建立了一种安全和相互信任的关系，让求助者在这种关系中自由觉察自我、表达自我、认识自我并接纳自我，从而调节了情绪，改善了母子关系，并在一定程度上帮助求助者认识到成为真正的自己、信任自己、不断成长的重要性，为求助者以后的人格发展打下了良好的基础。

（论文作者王卓，在2014年四川省中小学心理健康教育优秀成果

评选中获得二等奖）

下 篇

构建科学模式
——促进初中教育高质量发展

　　质量是教育永恒的主题，是衡量教育改革成败的关键。提高教育质量，需要在先进教育思想的指导下，构建科学的人才培养模式。围绕智力开发、全面发展，陈丁校长以培养时代新人为主线，构建了科学的育人模式，为学校的高质量发展搭建了完美的框架体系。一是以"生态"校园、"文化"校园、"艺术"校园建设为重点，营造温馨怡人的读书育人校园环境；二是以"德育治校""法治早教""心育润泽"为核心，构建三位一体的学校管理工作体系；三是坚持"思政课程""课程思政"同向而行，凸显全员育人、全程育人、全方位育人的协同效应；四是加强区域教育交流合作，推进资源共享和改革成果共享。陈丁校长以攀枝花市陈丁初中名校长工作室为平台，加强教育教学改革经验交流，为攀枝花市初中教育培养了一批优秀名校长和教育管理干部。同时，攀枝花市陈丁初中名校长工作室深入攀枝花三区两县和凉山州，为薄弱学校提供业务培训，大力推进教育扶贫工作，扩大了学校、攀枝花教育在攀西地区乃至全省、全国的影响力。

第七章

立足高质量，
构建科学育人模式

———陈丁办学思想的深度凝练

第一节　踏改革步伐，建品牌初中，
办优质教育

———攀枝花市第二中学2010年以来办学发展综述

　　攀枝花市第二初级中学，是攀枝花市教育体育局直属的一所单设初中，始建于 1978 年，最初仅有学生 400 余人，教职工 30 余人。学校坐落在攀枝花市中心炳草岗，交通便利，环境优美，社区经济文化繁荣。

　　目前学校有学生 1600 余人，教职工 145 人，其中县（区）级以上骨干教师（学科带头人）28 人，含省级骨干教师 3 人、市级学科带头人 2 人、市级骨干教师 11 人、县（区）级骨干教师 11 人、突出贡献专家 1 人。中高级教师占专任教师的 70%，本科以上学历教师占 97%，硕士学位教师 10 余人。学校拥有一支年富力强，业务精良的师资队伍。

学校视教育教学质量为生命，狠抓教育教学管理、教育科研和教师业务素质提高。近十年来，学校教育教学质量取得了令全市人民瞩目的成就，教学成绩连续八年在毕业升学、学科竞赛、期末统考等方面保持全市同类学校前列。

2010年以来，学校本着"精品＋特色"的办学追求，不断探索素质教育新途径，凭借周边良好的社区艺体教育资源，构建了"整合校社艺体资源，促进学生特长发展"的艺体教育模式，取得了显著的办学成效。

学校连续五年得到市政府教育督导团和广大市民的高度评价，获高分"优秀"等级。

学校获得了一系列荣誉：攀枝花市校风示范学校，攀枝花市文明单位标兵；四川省体育传统项目示范校，四川省现代教育技术示范学校，川派初中名校；全国家庭教育实验示范校，全国科技体育示范校，全国节约型公共机构示范单位，全国中小学心理健康教育特色学校。

市二中自建校以来，已经风雨兼程38年，经过初创、蕴积、发展的过程，自2010年以来，进入了大踏步跨越发展的新阶段。其中"十二五"期间学校获得了飞速发展，各项工作均走在全市同类学校前列，一所品牌"名校"正逐渐形成并产生广泛社会影响。现将学校的发展概况总结如下。

一、抓德育三位一体建网络，净环境形成合力显实效

二中在建校最初的十余年间，办学十分艰难：校舍十分简陋，场地狭小，师资短缺，生源较差。更为严重的是，学生读书风气不浓，习惯不好；家长热情不高；社会不良青少年常与一些学生接触，严重地影响着学校教育。在如此环境下，学校要振兴教育、办出实绩是很难的。

自2010年以来，为探索德育工作的有效途径，在经过学习、考察、摸索后，结合实际，学校决定主动与家庭、社区联系，形成"家—校—社"整体联动的教育机制，从根本上消除"不良"教育环境。于是，学校提出了《整体构建"家庭—学校—社会"三位一体德育机制研究》市级课题。经过多年艰苦的实践探索，学校构建起了"家校社三结合"的教育网络，形成了畅通的教育途径和运行机制：学校承担对家庭教育、社区教育的组织协调和总体规划，建立家长学校、家长委员会等家庭教育组织。近年来，学校强化"三结合教育网

络"，以班级为单位，成立家长委员会，并发挥其参与学校学生教育与管理的作用；社区则发挥社区优势，开展形式多样的教育活动，扩大校外辅导员队伍规模。学校坚持长年聘请法治副校长到校开展法治讲座。学校主动联系所在地社团、企事业单位及街道、社区、派出所、武警消防部队等，通过开展创建和谐单位、和谐社区活动，为学生社会实践提供条件。学校主动配合社区加强社会治安综合治理，净化育人环境。

通过整体构建"三结合"育人网络，学校的教育大环境得到明显改善，德育工作的新局面就此打开，学校"三风"建设得到整饬，教学质量也逐年提高。学校先后获得"攀枝花市德育先进学校""攀枝花市校风示范学校"称号，与此同时，多次荣获市、局关工委表彰。2012 年，学校被教育部关工委授予"全国优秀家长学校实验基地校"称号并获"家长学校创建活动奖"，承担了教育部关工委"城市初中生家庭教育策略与方法"子课题研究。学校先后有五名教师获全国、省、市关工委"优秀家教辅导员"和"优秀青少年教育工作者"称号，班主任张利、赵颖等老师的"家庭教育优秀教学设计"获全国二等奖，普兴琼老师被评为"四川省优秀班主任""攀枝花市 2016 年首届十佳班主任"，赵颖老师获"全国百佳班主任"称号。"三结合"教育对家长产生了积极影响，每年家长通过学校德育处订阅《父母课堂》达 1500 余份；学校通过校园网站和校讯通与家庭、社区的联系更为灵活，渠道更为畅通。

二、建文化顶层设计校园勃发，造氛围目标高位丰富多彩

二中办学历史不长，文化底蕴不深。但自 2010 年以来，二中的办学者们站在建设高起点文化校园的高度，以学校文化建设为切入点，以确立办学理念、提炼学校精神为核心，以培育良好的人文环境、提高师生的人文素养为目标，引领学校核心价值观的转变，促进学校的持续发展，立足学校实际，规划学校的文化建设，顶层设计开发校园文化，精心营造高品位文化校园。今天，徜徉在二中校园，处处都能感受到文化气息扑面而来。

（一）提炼办学理念，构建和谐的精神文化

围绕学校文化建设的主题，确立学校的办学理念，明确学校的办学定位和发展方向，规范校长、教师和学生的行为方式，以此作为学校发展的精神动力。

办学理念："以人为本，积极促进师生学校共同发展"，即全面贯彻教育方

针，全面提高教育质量，全面推进素质教育，面向全体学生，为学生的终身发展奠基。

管理理念："抓管理、带队伍、促科研、谋发展、创一流"，即以师生的需要和发展为根本，在务实的基础上不断创新进取，推进教育教学诸多因素的和谐进步。

办学目标："追求卓越，打造'精品＋特色'的诚信二中、知识二中、礼仪二中、和谐二中、魅力二中"，即追求高位的个性化办学，办出特色和优势。

团队精神："为二中人的幸福感和归属感而奋斗"，即凝聚二中师生的精神意志，取得对二中的普世价值观认同；树立强烈的主人翁意识，与二中的发展共荣辱，为二中的振兴自觉贡献。

（二）建设生态校园，构建优良的物质文化

学校逐步完善物质文化建设，把办学理念融入学校的环境规划、标志设计和文化设施中，逐步把学校建成启迪思想、共同励志、陶冶身心、塑造性格的生态校园；努力改善办学条件，配置先进的硬件设施；加强校园管理和建设，加固了教学楼，栽植了办公楼和教学楼前的花卉盆景；在校园开阔地上，塑起了教育家蔡元培的巨型雕像；为了"让墙壁说话"，利用操场两侧的墙壁，布置了文化长廊；在教学楼、综合楼分主题悬挂系列图板，依据各年级班级的特点，布置了各具特色的办公室文化和班级文化，使学校面貌焕然一新；近年来，借助实验室规范化建设，更新了理化生三个实验室的仪器设备，实验课的开出率达 100%；更新了微机室，为各年级教室配备了微机，为每位教师配备了办公用笔记本电脑；以省颁标准配备了音体美卫器材，建设了音乐和美术专用教室；建设了 250 平方米的"教师书吧""学生书屋"和"精品书库"，为师生订购了各类报刊 30 余种，添置图书 5 万余册。近几年，学校把过去的物质福利转为向教师发放图书，坚持每年为教师购发 5 本教育理论和文化畅销书。丰富的文化宝库，成为师生可爱的精神家园。

2016 年暑期，学校争取财政支持资金 150 多万元，对学生的住宿环境、学习生活环境、师生报告厅等设施进行了改造，创造了更为方便的学习空间，使二中的物质文化得到进一步优化。

三、开课程多元智力素质培养，改课堂添动力促持续发展

（一）优化国家课程，多元开发校本课程，适应学生多样化发展需要

国家课程（教材），当然是教学的主要任务，但教材编写者告诉我们：教材无非是个例子，应该用教材教，而不是教教材。基于这个理念，从2011年起，学校在组织教师们深入钻研教材的过程中，大力强化校本教研，对国家课程进行大胆的重构和优化。教师在编写"导学案"过程中，不拘泥于教材的内容和程序，一切以利于学生的掌握为前提，对内容进行补充和重建。这个过程，不仅有助于深钻教材，而且有助于启发校本课程的开发和研究。

在优化国家课程过程中，作为对国家课程和地方课程的补充，我们依据本地和学校资源实际，系统构建了一系列校本课程，形成文学类、艺体类、社会实践类、科创类、自然科学类、社会科学类等11种选修课程。

目前已开发的学科校本课程有：群文阅读教材《书·香》，综合实践教材《科学探究》《英语小升初衔接读本》，地理教材《得天独厚——攀枝花》，历史教材《我的家乡攀枝花》，心理教材《美丽心灵、青春同行》《艺体特色活动指南》，等等，初步形成校本教材系列。

此外，我们积极开设主题鲜明的系列活动课程，对学生进行实践体验教育。

突出心理特色课程。在两名专职心理教师的精心努力下，学校于2015年获得教育部首批"全国中小学心理健康教育特色学校"称号。

突出法治教育课程。学校加强学生法治教育，主要依托大力推进"法律进学校"的途径，借助校本教材《德育学习手册》，使法治教育常态化、持续化。法治教育硕果纷呈：学校荣获"全国零犯罪学校"称号，陈丁校长被评为"2015四川十大法治人物"之一，受到隆重表彰。

突出艺体特色课程。学校与周边体育、文化单位联合开辟"艺体课外特色教育"，充分利用社会资源扩大学生教育空间。学校组建学生艺体兴趣小组二十多个，聘请了四十多位专职教练。每学期参加艺体教育的学生都在1000人以上。

为了处理好"国家课程"与"校本课程"的关系，我们把"国家课程"作为第一课堂，"校本课程"作为第二课堂。第二课堂以选修课的活动形式呈现，按不同学段和层次开设，满足不同学生的学习需要，在形式上，将全校学生纳入兴趣小组的活动中，侧重于学生个性潜能的开发培养。

（二）转型优化课堂，构建高效的课堂教学模式

"课堂改革有方向而无终点，它始终向着理想境界运动着。"随着课程改革的深入，课堂教学也发生着多姿多彩的变化。传统"一言堂""填鸭式"的忽视学生"主体"的教学方法显然不再适用。自第一轮课改启动以来，学校也在课堂教学改革上不断摸索，先后在学科中探索了"初中数学自主学习·引导探索·当堂过关教学模式""初中语文熟读·精思·妙用教学模式"等，还没有提炼出全校性的课堂模式特征。

自 2011 年进入第二轮课改以后，经过广泛学习和摸索，我们把学习外地经验与提炼总结自身成果相结合，归纳出学校的课堂教学基本模式："自主学习—置疑讨论—引导探索—学以致用"的"学·议·导·用四环生本课堂"，并将"导学案"的编写和使用作为推进课堂改革的抓手。这一模式容纳了课堂教学的"基本元素"，是一个总体教学程序规则，具体到每个学科和内容，则没有固定不变的模式，不能生搬硬套。本模式在时间分配上，其常态比例以一段长，二段三段短，四段中为宜，但可以适当变通。如果教材分量较重，课时偏紧，也可将最后一环的某些活动延伸到课外。

在所有解决问题的方案中，谁更简单谁最好。只有简便易操作的课堂，才是"常规课堂"，也才能为教师们所接受，进而为高效课堂提供有效的路径。经过近三年的"课堂模式"构建，全体教师已熟练掌握"四步课堂"操作要领。但学校不搞一刀切，"课改无终点"，鼓励各学科甚至每个教师，在尊重学习（认知）规律的前提下，结合各学科特点，演绎出各学科的具体操作"变式"，如语文学科提出"导学品延"的课型结构，英语提出"导练议用"的课堂模式，数学课堂则体现"忆学导用"的模式特征。总之，"模式"不是目的，提高课堂"效率"才是课改的终极诉求。只有课堂效益提高了，学生的负担减轻了，才会有"校本课程"实施的时间和成果。

课改，为学校持续发展提供了不竭的动力。课堂效益提高，直接带来了学校教学质量的大幅提升。连续多年，学校教学质量领跑全市同类学校前列，素质教育也结出累累硕果。

四、聚资源校社艺体教学整合，创特色开启课外系列活动

教育部提出，在全国中小学全面实施"体育、艺术 2 + 1 项目"，即通过学

校组织的课内外体育教育和艺术教育活动，让每个学生在九年义务教育阶段能够掌握两项体育运动技能和一项艺术特长，进一步推动学校体育和艺术教育的改革与发展。

从 2010 年起，结合"精品 + 特色"的办学目标，学校决定以"整合校社艺体资源，全面开展特色课外活动"为载体，发挥学校区位优势，开展艺体特色办学。但学校仅有三十多年办学历史，没有多少"历史传统和生态环境"可供发掘，只有利用我们位于市中心的区位优势，找到创办"学校特色"的生长点，也就是：学校周围（最远直线距离 100 米）有攀枝花市文化馆、体育馆（场）、民族体育馆、游泳馆、射击场、网（羽毛）球场、足（篮）球场、跆拳道馆等市级体育文化资源，设备和师资都是全市最好的。这些资源平时多有闲置，不充分发挥其功能岂不可惜？学校自身场地虽小，但艺体设施基本具备，艺体教师队伍充实，是"四川省体育传统项目学校""全国科技体育示范校"。过去十多年曾与市体育中学（毗邻）联合办学，开设了棒垒球、田径等多项特色课程，成绩斐然，曾多次代表攀枝花市参加各级各类比赛。鉴于这些"先天优势"，学校在发展探索中逐步确立了"人无全才，扬长避短，特长成才"的办学思想，提出了"特色立校—特色强校—特色名校"的特色化发展方向，把艺体特色教育作为推进素质教育的切入点和特色强校的立足点来定位，突出艺体特色教育的发展，为提升二中的教育品位，打造一流初中品牌注入崭新的内涵。学校通过与市体育、文化部门广泛沟通，在双方行政部门的配合下，终于达成了"整合资源，全面发展"的办学共识。

于是，从 2010 年起，学校"整合社校艺体资源，全面开展艺体课外特色活动"的办学框架全面形成。其运行机制是：学生自愿报名，每天下午利用放学后的一个小时（5：30—6：30）集中开展课外活动；教练员主要由各体育文化单位的专业人员 30 多人充任，学校艺体教师协助；管理人员由学校教师和行政干部担任，负责每天考勤和监督活动开展情况；教学内容每期初统一制订具体训练计划，报学校审核。内容设置：体育类十种，艺术类八种。期末考核评价训练效果，依据每个项目的评估标准，根据学生的活动态度、技能进步、出勤等活动情况，由学生自评、小组互评、指导老师测评三方面进行评价。学校根据评价，对优秀教练员和学员给予表彰。

艺体教育绽放生命个性特长。几年来特色活动的开展，带来了空前显著的成绩：在四川省第七、八、九届和第十二届中小学生优秀艺术人才大赛中，学校共有 800 多人次获奖。参赛人数、获奖人数全市领先，学校亦获得"优秀组织奖"。体育方面，成绩更为骄人，多项赛事在各级比赛中名列前茅。一年一度的"艺术节""运动会"内容更加丰富，形式更加多样，质量更优，档次更高，多次获得上级教育主管部门和广大家长的赞誉，目前参加的学生越来越多，有力地推进了学校的素质教育工作，促进了学生的全面发展，并形成了较为鲜明的艺体教育特色。艺体教育特色已逐渐成为学校办学中的一个亮点，成为"整合社区优势教育资源，综合开展特色教育"的典范。2010 年，《攀枝花日报》、攀枝花电视台先后以"市二中：精品＋特色效应"和"整合社区资源优势，全面开展素质教育"为题做了长篇报道，进一步提升了学校艺体特色教育的社会形象。

五、带队伍施"研学写"三管齐下，搭平台助师成长尽显风采

教师队伍是办学的支柱。引领教师迅速成才，打造一支品格高尚、业务精良的师资队伍，是创建一流学校的基本前提。正如陈玉琨教授所指出的："教师专业发展是建设一流学校的基础条件。"队伍建设，重在提高教师的师德修养和业务能力，提高教师的职业认同感和职业幸福感。立足校本，加强交流，促进教师共同成长。为此，"十二五"期间，学校在发展教师专业上采取"研究—学习—写作"这三条路径，为教师成长搭建宽阔的平台。

（一）研究，造就"学者型""研究型"教师的关键

课题研究，是提升教师学术水平最快最有效的办法。教师通过课题立项，形成规范的研究模式，通过设计方案、选择研究方法、查找搜集资料、设计问卷调查、数据整理分析等研究过程，自身研究能力会得到极大提高。

长期以来，学校注重教师的课题研究工作，通过骨干教师典型引路，十年内，先后承担了五项市级课题，三项国家级子课题研究，取得了显著的成绩：承担的全国教育科学"十五规划重点课题"——新课程中小学学科学习策略研究，获全国总课题组一等奖、攀枝花市第八届"哲学社会科学"二等奖；承担的市级课题"初中数学自主学习·引导探索·当堂过关教法研究"获攀枝花市第三届普教科研二等奖、教育部教师发展中心优秀成果二等奖。

2015 年，作为"首批课改实验样板校"，又承担了市级课题"学案导学课

堂模式的构建与实践研究""法律进课堂实践研究";同时,有五项市级"微型课题"立项研究。

学校通过课题研究,培养了一批业务骨干教师。攀枝花市学术技术带头人刘琴老师于 2012 年被四川省陶研会初中专委会评为"初中数学学科研究中心主任"之一,承担全省初中数学相关研究任务。目前,一个以骨干教师、学术技术带头人为中心的教师研究团体业已形成,并向普通教师延伸,每个教研组都有年度课题,教师则有"微型课题"。学校在管理上采取引导、激励的办法,把教师引上"研究"之路。

校本教研,是教师专业提升的基本路径。学校建立了完善的校本教研机制,明确了每位教师在校本教研中的职责任务。学校通过"三定"(定时、定人、定主题)规范校本教研的有效开展,其中以"集体备课"为抓手,培养每位教师解决问题的意识和分析处理教材的能力。学校开展形式多样的公开课:新进教师每学年的"汇报课";青年教师的全校"赛课";优秀教师的"示范课";同一个备课组内的教师,每学期采用一次"同课异构"的方式,轮流听评课,也让一大批教师迅速成长起来。

(二)学习,促进教师主动发展的基础

阅读学习。学校通过建设良好的学习环境,建设教师书吧、精品书库,每年为每位教师购发五本书籍。学校每年计划购买各类最新教育教学书籍及优秀文学作品陈列于书库,广泛开展读书、论坛、沙龙等活动以营造教师学习氛围。学校从关注教师生命质量入手,唤起教师的学习觉醒,促使教师把学习作为"常态"的校园生活。学校对教师提出"三个一"要求:每期读一本教育专业书,每期写一篇读书心得,每年发表或交流一篇教研论文,并作为业务考核的硬性指标。

师带徒学。教师可以通过拜师的方式获得专业支持。"师傅带徒弟"的"青蓝工程",就是学校长期坚持的一项促使教师专业成长的措施。学校每年都会隆重地举行"师带徒"拜师仪式,发放聘书,签订合同,建立青年教师与骨干教师结对发展机制。

同伴互学。在同一个备课组或同一学科内的教师,每学期通过轮流听评课,集体磨课,特别对"同课异构"课反复打磨,相互比照,找出自己的不足;甚至把自己的课录下来,与同伴课对比,通过观看自己的教学录像来思考自己的教学智慧和教学遗憾。

（三）写作，提高教师思想水平的重要途径

传统的教师，以"传道、授业、解惑"为工作的全部，"述而不作"。现代学校，赋予教师更丰富的内涵。写作，成为现代教师的一个重要标志。学校在提升教师专业能力的过程中，把教师写作作为一条重要路径。语文教师写"下水作文"，课题研究者写课题报告，普通教师写教研论文、"教育叙事"、教学反思、读书心得等。近十年来，我校教师写作的各种体例文章 300 余篇，近百万字，参与各种交流获奖或发表的文章 130 余篇。学校已集结印成论文集四集。

近三年，学校教师积极参加各级课堂教学大赛，有十多人获国家省市一、二等奖，其中赵颖老师于 2012 年获全省初中课博会大赛（语文）特等奖，2014 年获全国"教育艺术杯"大赛一等奖。学校连续参加全省初中"课博会"大赛，四届中有三届获特等奖，一届获一等奖。这从一个侧面诠释了学校教师团队的专业发展张力，为不断向前的攀枝花二中营造着"谋发展、创一流"的精神氛围。

六、抓管理重科学筑高地根基，提质量有业绩回馈全社会

攀枝花市"十二五"教育发展规划第一句即指出："实施科教兴攀战略，加快建设教育强市和区域性教育高地。"在明确攀枝花教育发展指导思想时再次指出："大力实施科教兴攀和人才强市战略，倾力打造川滇交界区域教育高地。"

攀枝花二中在制定"十二五"发展规划时，也把目标锁定在"谋发展，创一流"的办学高位上。为"打造教育高地"，自"十一五"以来，学校在提高教学质量上大胆改革，强化教育教学管理，落实课堂素质教育，推行课堂教学精细化管理模式，着力提高课堂效率，向四十分钟要质量，向课堂要质量。

（一）实行新的教学组织管理机制

学校大胆摒弃传统的"教务处—教研组—班级"的直线职能式教学管理模式，创建以年级为枢纽的教学矩阵式管理模式，发挥年级学科备课组、年级组管理的组织管理功能，形成年级负责、民主决策、群体监督、多元反馈的教学管理体系，教学管理重心下移，有力支持和保障了课堂教学改革，提高了课堂教学管理效能。各年级学科备课组承担教学研究、教学监督、开展教学活动等职能；各年级设立教学督导检查小组，负责监督年级教学管理工作，形成双线

运行、监管有效的教学管理运行机制和质量监控机制。

在年级学科备课组的基础上，学校成立"学科委员会"，承担该学科教师培训、成果推广、教学指导等职能；统筹各年级备课组的力量，整合教学资源，提供各年级教学所需信息和资料，避免重复使用资料。学科教研组的上线是学校教科室、教务处与年级形成平行交叉的管理关系。

新的教学管理机制，营建了一个融洽、和谐、进取的教学氛围，促进了教学研究的质量和效益的提高，为形成有效课堂和让每个学生实现有效学习提供了保障。

（二）以精细化管理提高课堂效率

"细节决定成败""课堂教学精细化管理"，就是把课堂教学的管理过程做细做实。它的关键在于学校领导和教学管理人员要沉下心来，在课堂管理上下功夫，下决心向课堂管理要质量。

从 2011 年起，学校实施教学精细化管理，制定教学管理规则、教研规程、学习规程、考试规程、阅卷规程、辅导规程；制订具有学校特征的教学工作计划，检查、公布教学计划，检查、评比教学设计；要求值班干部每天报告课堂教学情况，严格限制教师占用学生自习时间讲课；定期进行学生问卷调查；建立学生学情和发展档案等一系列措施，加强对课堂的全程监控及对学情的细致掌握。学校结合市教育局下发的《攀枝花市教学常规管理实施细则》，认真编制了《攀枝花市二中教学常规管理具体实施办法》，以文件形式下发到每位教师手中，教学管理部门则随即跟进严格监督执行。

"精细化管理"的实施，规范了教师们的教学行为，锻炼了教师们的教学能力，使不少教师克服了"高原"期，走入了教学的新天地，从而克服了不注重课堂教学效益的弊端。实施精细化管理以来，各级干部和教师都十分注重教学规程。学校则每月对年级组、班级、教研组、任课教师进行全面考核，注重管理过程，及时反馈教学信息。对差距较大的班级和教师，如平均分相差 5 分以上者，教研组要采取及时帮扶措施，防止班级和教师教学掉队。

（三）构建合理的激励机制，形成良性竞争局面

竞争，是任何工作卓有成效的重要手段之一。为了调动教职工的积极性，从 2010 年起，学校建立了《市二中教学质量奖励制度》，制定了详细细则和实施办法，具体包括"市二中参加全市统考统阅 RSR 排位教学质量奖""市二中

参加全市统考自阅教学质量奖"以及"市二中毕业班后期管理及奖励方案"等。学校整体考核年级和教研组，不单独对某一学科或某一教师进行考核，把质量和分配严格挂钩，把质量和评优晋职捆绑在一起，打破"平均主义"格局，实行优质优酬、多劳多酬。为此，教学质量奖励制度在提高教学质量上发挥了重要作用，极大地激发了教师们的工作积极性，它使教师始终保持着争创一流质量的意识，形成了公平、公正的竞争态势，也形成了团结协作的团队精神。

对教学质量实行单项奖励制度，是学校多年来取得较高教学质量的保证之一。自实行全市教学质量 RSR 调研检测以来，我们根据教科所的成绩统计数据，对年级组、教研组和教师实行量化考核，根据考核结果对教师进行相应的奖励。

为了强化质量意识，多年来学校一直坚持执行"教学质量分析例会制度"，随时对教学质量进行监控。各年级或各教研组每期开学初和期中都要对考试进行深入细致的分析，成绩分析到班、到人，各自对照进行检查和反思，找出成功的经验或失败的教训。各年级或各教研组都立足于打总体战，形成合力，不允许偏科，为促进义务教育均衡发展、促进学生整体成绩提高奠定基础。

大胆的改革，精细的管理，措施的落实，带来了学校高质量的教学业绩，保证了学校在无生源优势的情况下，教学质量连续十年居于全市同类学校前列。特别是近六年，教学质量上升到二中历史上的新高度。

学生进入高中后，学习能力强劲，2013 年全市高考文科状元，2014 年全省高考理科状元、全市文科状元、全市理科第三名均离不开二中的精心培养。近三年连续两届学生参加高考以省市状元的佳绩进入清华、北大，名满全川，享誉攀西。据不久前来自三、七中的信息称，上期期末（2015—2016 学年下期）监测，高一、高二年级全市前 20 名，二中 2015 届、2014 届毕业生均占了 7 名。学校近五年连续五次获市政府教育督导评估为高分优秀等级，2013 年被评为首届四川省"川派初中名校"，2015 年被确定为"攀枝花市首批课改实验样板校"。学校教学质量长期居于全市同类学校前列，学校的综合办学实绩得到市民的广泛认同，并辐射周边，影响川滇，为攀枝花"打造区域教育高地"做出了应有贡献。《攀枝花日报》2016 年 3 月 24 日以《为了更好的教育》大版报道了学校"全域推进课堂教学改革"的事迹。

优异的教学业绩、科学化的学校管理、高品位的校园文化建设，使学校的社会声誉鹊起，受到市内外家长的广泛赞誉，学校成为众多小学毕业生向往的求学殿堂，每年有相当数量的外地生源，如会理、会东、德昌、华坪、永仁等地学生要求进入我校就学。

在努力创办"人民满意的教育"的过程中，学校还积极参与四川全省初中课改共同体建设，在四川省教育学会初中专业委员会、四川省陶行知研究会的统一组织下，与省内的优秀学校一起，争创省内一流学校。学校大胆实践课堂教学改革和课程改革，以勇立潮头唱大风的精神全力推进新课堂教学模式，成为四川省"陶研会"首任副理事长单位。学校与全省二十三所初中学校一道，跨入了"四川省首批川派初中名校"行列。这是对学校的鞭策和鼓舞，是学校发展史上的里程碑事件，其业绩已在中国教育学会初中专业委员会四川会暨四川省陶行知研究会初中学术委员会会刊《四川初中教育》上发表，在全省范围内宣传。我们将与省内初中名校一道，在更高的层面寻求教育的真谛，找到那通向理想教育的通衢，努力办出"人民满意的初中教育"。

第二节　让学校成为师生收获幸福的地方

——四川省首届"川派初中名校"攀枝花市外国语学校高质量办学纪实

在攀枝花，有一所学校坐落在公园旁，依山傍湖，风景秀丽。

循着桂花飘香，我们走近了她——攀枝花市外国语学校。

攀枝花市外国语学校一校两区，分别是坐落在竹湖园公园旁的竹园校区和坐落在东华山公园山脚下的华山校区。

她是一所怎样的学校？

她是攀枝花市唯一一所首批四川省中小学心理健康教育特色学校！

她是攀枝花市唯一一所四川省初中英才教育协作体学校！

她是攀枝花市唯一一所批准加入四川省中英伙伴学校的项目学校！

她是攀枝花市唯一一所聘请外教并开设多语种教学的学校！

她是一所让师生收获幸福的学校！（图 7-2-1）

图 7-2-1　学校领导领唱攀枝花市市歌《太阳在这里歌唱》

近年来，学校教育教学质量创历史沿革最佳成绩。全国、省、市优秀模范教师层见叠出，领衔开展攀枝花市初中名校长工作室、初中化学和初中语文名师工作室的工作。学校连续两年获评攀枝花市义务教育教学质量"突出贡献学校奖"。

一、学党史不忘教育初心，牢记育人使命

党建引领初心，牢记育人使命。

学校始终坚持中国共产党的全面领导，以党建为引领辐射，画好统一战线同心圆，团结各民主党派、知联小组以及其他党外人士，建设了一支以"为党育人，为国育才"为己任的人民教育铁军（图7-2-2）。学校以"攀枝花市陈丁初中名校长工作室为平台"，多名优秀校长、优秀教师深入精准帮扶米易、盐边以及木里县的多所薄弱学校。

图 7-2-2 "重走长征路 奋进新征程"攀枝花市外国语学校党员干部党史学习教育培训班

学校以党建项目为抓手，精心打造党建项目品牌，实现党建业务"双提升"。学校以党建带动团建，成立校党员志愿服务大队，充分发挥党员先锋示范岗的带动作用，从小事着手，把实事落实，把好事影响做大，带领校小彩虹志愿服务队先后获得四川省"五四"红旗团委、四川省中学生志愿服务示范学校称号；"阳光小梦想，快乐微公益"学子结对帮扶圆梦行动党建项目被市级新媒体深度报道；党建促进生命教育，积极外联攀枝花市红十字会，组建了

以党员为主的学校红十字应急救护员队伍，培养了 1 名党员取得红十字应急救护师资证书，推动具有鲜明红十字应急救护特色的生命教育在市外校课堂落地生根。

学校充分利用师资优势，力邀优秀社会人士和时代英雄现身授课，将党史学习教育渗透到学科教育中，用地方文化和三线建设精神等地域特色精神内涵建设思想政治教育阵地。学校以"我为群众办实事""有话向党说"为主题，开展了一系列教职工、学生活动，力求把红色基因融入血液中，做到道路自信、理论自信、制度自信、文化自信。

二、名校长名教师护航学校高质量发展

发展学校必须优先发展教师。学校始终把教师队伍建设放在特别突出的位置，倾心打造一支高素质、高水平、高内涵的教师队伍，关心并尊重每一位教师的成长与发展，充分释放教师的潜能，重视对教师的引领与培养（图7-2-3）。

图 7-2-3　攀枝花市外国语学校领导班子成员

陈丁校长领衔的"攀枝花市陈丁初中名校长工作室"，自 2019 年成立以来，立足攀枝花基础教育发展，以优秀校长素养提升、教师成长方式探索和传承名

校长治校理念和办学特色，体现名校长工作室独特优势为主要目的，构建研修共同体，研究学校教育重大实践问题，推动学校实践创新，推进优秀成果转化，充分发挥工作室领衔人的引领、示范和辐射作用，为攀枝花打造区域教育高地做出应有的贡献。

卓越的师资力量是学校发展的原动力。学校非常注重教师队伍建设，深化教师队伍改革，强化师德建设，加强校本培训、教科研工作和青年教师、骨干教师培养工作，形成了广大教师积极学习、主动发展的浓厚氛围。学校现有教职工 203 人，专任教师 190 人，学历达标率 100%；有各级各类骨干教师 43 人，其中省级骨干教师 3 人，市级学科带头人 4 人，市级骨干教师 15 人，县级学科带头人 6 人，县级骨干教师 15 人。全体教师爱岗敬业、团结奋进、勇挑重担、锐意进取，以积极饱满的热情、求真务实的态度和无私奉献的精神，为学校跨越式发展做出了突出的贡献。

三、深化教育教学改革，助力高位竞进

长期以来，学校始终把课堂教学改革作为学校发展的主线。

学校与成都交大电子有限责任公司、成都石室中学联合创建"智慧课堂"，通过云技术、大数据和智慧课堂系统的充分应用，与学校"疑探助学，四环递进"课堂教学模式相结合，打造智慧课堂的特色教学模式。两校区现共有 53 个班级，全部实行云班教学，并建成集自动录播、精品微课制作、校园电视台三合一功能的录播教室，可实现一室讲课，多地共享，跨区域开展教育教研活动，极大地促进了两校区教育教学均衡发展。

近年来，通过教育信息化的全方位助力，学校教育教学质量稳步提升，呈现高位递进趋势。2018 年学校获义务教育教学质量（初中组）文化学科类一等奖和发展类一等奖，2019 年起连续 3 年荣获攀枝花市义务教育教学质量突出贡献学校荣誉称号，理想课堂的教育教学效果日益凸显。

研发卓越课程，构建双色课程，尝试走班教学。教研组整合国家课程和地方课程体系，每月开展教研活动，整合教材体系，打造有特色、有亮点的学科教学校本教材，培养学生核心素养。学校研发了学科拓展类课程、社团形式的第二课堂活动（如日语、法语、韩语、俄语等小语种选修课程），美育课程，体育类走班选修课程，以及机器人、趣味编程等创客课程。创新体育教学，改变

传统教学模式。体育教研组整合优化体育教学内容，编撰体育校本课程，针对学生选修体育项目不同、身体素质不同尝试进行体育走班制教学，效果良好。学校被教育部评为"全国青少年校园篮球特色学校"，参加 2019—2020 年度四川省大课间体育活动视频评比获四川省一等奖（图 7-2-4）。

图 7-2-4   大课间体育活动

四、探索创立心理健康教育最优化模式

如今，学生的心理健康问题已引起社会各界广泛关注。学校高度重视学生身心健康发展，探索心理健康教育最优化模式。

学校将心理健康教育纳入学校工作的总体规划，成立了由陈丁校长任组长的两类校园心理危机干预小组，并制定了《攀枝花市外国语学校校园心理危机干预预案》，配备具有国家二级心理咨询师资格的专职心理健康教师，面向全校师生、辐射全市开展形式多样的心理健康教育活动，积极探索创立心理健康教育最优化模式（图 7-2-5、图 7-2-6）。

图 7-2-5　心理健康教育互动课堂

图 7-2-6　心理健康教育学习课堂

因心理教育特色明显，学校获得"四川省中小学心理健康特色学校"称号。

五、外教授课，语通世界，兼容并包办学

走进学校，你不仅可以听到流利的普通话，还能听到英语、日语、法语、韩语和俄语。

学校践行"语通世界、文道流芳"的办学追求，开设了日语、法语、韩语和俄语等多语种教学。学校长期聘请了以英语为母语的国家的教师任外教，成为攀枝花市唯一一所"中英伙伴学校交流计划项目学校"。

为了进一步彰显攀枝花市外国语学校兼容并包的办学特色，提高学生英语口语水平和交际能力，2018 年春季学期，学校在两校区同时开设外教口语课（图 7-2-7）。多姿多彩的外语课堂，激发了学生的外语学习兴趣，促进了学生外语能力的提高，为学生的持续发展打下良好的基础。

图 7-2-7　外教口语课

联合国确定的六种世界通用语言有英语、汉语、阿拉伯语、俄语、西班牙语、法语。未来，学校将逐步开齐世界通用语言教学课程。

学校凝练"肩负新时代教育使命，培养守正创新时代新人"教育思想，培养具有守正思想、全面素质、创新精神的时代新人，成为托举优秀学子报效祖国、建设现代化强国的教育力量，成为孩子们梦想起飞的地方（图 7-2-8）。

图 7-2-8　攀枝花市外国语学校汇报演出

新的时代赋予了教育工作者新的责任。学校将不断提升办学品位，不断追求教育的新境界，用理想信念凝聚师生意志，越陌度阡，砥砺前行，共同书写学校的华彩乐章。

第八章

支撑高质量，
深化教育教学改革

第一节　初中教学中探究性学习
方式的实践和研究

　　课堂教学过程是由教师—学生、学生—学生、教师—外界、学生—外界所组成的多边活动过程，但多年来的应试教育使课堂教学过重地强调了教师的主导作用，忽略了学生的主体地位，结果使教育教学走向了误区。人类已进入一个崭新的知识经济时代，知识创新需要依靠具备探求态度和具有批判、创新与实践能力的人才。教育只沿用原来"接受学习"的方式来学习"确定的知识"已很难使培养的人才具有可持续发展的能力，在教学中寻求新的教学内容、学习方式，已经成为其适应社会发展要求的必由之路。二期课改的主要目标是改变学生学习方式，提倡探究性学习。将探究性学习作为一种学习方式迁移到学科课堂教学中，使之与接受性学习的方式互补，使课堂成为教师与学生、学生与学生交流、互动的平台，是改变教师教学方式和学生学习方式以及培养学生创新精神和实践能力，全面推进素质教育行之有效的方法。如何在初中教学中运用探究性学习方式，下面谈几点我的教学实践经验和体会。

一、探究性学习的理论依据和基本概念

苏霍姆林斯基曾经指出：在优秀教师那里，学生学习的一个突出特点，就是他们对学习的对象采取研究的态度。教师并不把现成的结论、对某一定理的正确性的证明告诉学生。教师先让学生提出几种假设，然后在实际学习中对所提出的每一个假设进行肯定或否定。在这种情况下，知识就不是消极和被动地掌握的，而是靠积极努力去获得的。因此，这种知识就能变成信念，学生也会非常珍视自己的学习成果。布鲁纳的发现法学习理论认为：认识是一个过程，而不是一种产品，教师在教学中要让儿童自己去发现答案，学会"如何学习"。最主要的教学方法是尽可能引导学生自己去发现方法，通过这种方法加强学生的探究能力是教育过程的核心。

探究性学习就是这样一种学习认识过程。例如，在化学教学中开展探究性学习是从问题或设计任务出发的。教师在教学中创设一种类似于学术（科学）研究的情境，提供丰富的信息，激发学生的求知欲，引发学生的探究过程，学生通过自主、独立地发现问题，实验、操作、调查、信息搜集与处理，对事实和证据进行解释，进而获得结论，又通过表达与交流，检查或修正自己的解释等探索活动，以获得知识、技能、情感与态度的发展。具体地说，探究性学习就是在教师的启发诱导下，以学生独立自主学习和合作讨论为前提，以现行教材为基本探究内容，以学生周围世界和生活实际为参照对象，为学生提供充分自由表达、质疑、探究、讨论问题的机会，让学生通过个人、小组、集体等多种解难释疑尝试活动，将自己所学知识应用于解决实际问题的一种精心设计的教学形式。

二、探究性学习方式的实践

（一）探究性教学的设计

学生群体中存在差异是必然的。如果教师在教案的设计和教学程序的安排

中只照顾少数优秀学生而忽略了多数学生，势必会挫伤学生的情感和学习的积极性。只限于几个学生的课堂提问、做题和实验，无论师生如何配合，整个课堂气氛也活跃不起来。因此，教师备课设计的每一步教学程序，都要把功夫下在引导学生的思路和学法上。教学程序的设计不应该受固定模式的限制，要具有开放性，要根据不同内容和学生的具体情况灵活设计。教学设计的重点是要求教师也具有创新精神和创新意识，如此才能设计出有梯度、有较高思考价值、富有启发性、有浓度和较大思维空间的新问题，让不同层次的学生参与不同梯度的问题解答，从而让学生都有成就感，激发全体学生主动学习的积极性。例如，人教版初中化学书上可燃物燃烧条件的实验，是一个控制实验变量的对比探究性实验。教师在实验开始时可引导学生对比铜片上的红磷、白磷的相同点和不同点，再对比水中红磷、白磷的相同点和不同点，为最后解释现象、得出结论做好铺垫。学生很容易观察到铜片上的白磷燃烧，而其余两处白磷没有燃烧，经分析、讨论，不难得出可燃物燃烧所必须同时具备的两个条件：一是可燃物与氧气充分接触，二是可燃物温度达到着火点。如果按照一般的教案设计，到此一般学生都已明白了该节需要掌握的知识点，教学任务已经完成，但如果教师没有创新精神和创新意识，必将失去一次开发学生智慧的机会。教师可事先设计进一步的问题：如何让红磷和水中的白磷燃烧？并充分准备好学生可能设计出的实验方案所需的实验器材，通过实验学生或教师加以总结：只要满足燃烧的两个条件，在什么环境下可燃物都能燃烧。教师还可以继续设计出下一个问题：你自己能否另外设计实验来证明燃烧的条件呢？教师通过这几个问题的讨论和探究，不仅让学生掌握了教学的重点内容，而且兼顾了不同层次的学生对知识的需求度，使每个学生都能感到"吃得饱、吃得好"，使学生的想象力和创造力在每一步的问题设计中得到培养和提升。

（二）探究性练习的选择

并非所有初中化学实验的内容都适合于探究，有些内容很难通过简单的探究活动反映出来，有些内容由于材料、实验设备或者由于学生学习准备情况的限制，不能进行探究。例如，C 还原 CuO 的生成气体可能是 CO，也可能是 CO_2，因为 CO 有毒，学校没有通风橱等安全设备，所以不能进行探究。因此，教师在选择探究性练习的内容时应遵循适度的原则、引起兴趣的原则和可操作性的原则。在教学中，探究内容既不能过于复杂，需要太长的时间进行探究；

也不能太过简单，学生很容易就可以得出结果，从而失去探究的兴趣。学生有一种天生的好奇倾向，喜欢探索未知世界，喜欢探究问题的答案。随着问题的解决，学生的好奇心得到满足，同时感受到了成就感，因此，选择的探究内容对于学生来讲，必须是他们通过已有的知识、能力的提取和综合，可以进行探究并能得到结果的，但是，这些内容对学生来讲决不能毫无疑问、不加努力即可解决。适宜的难度要求探究的内容具有适度的不确定性，其变量的多少要以学生能够掌握和控制为限度。例如：验证二氧化碳与氢氧化钠反应的探究实验，试管实验是看不出二氧化碳是否与氢氧化钠发生反应的，如何才能看到该反应的实验现象呢？我先让学生温习气体发生装置气密性的检查、空气中氧气含量测定的实验、实验室排水法收集气体的实验等，根据学生现有的物理基础引导学生归纳出气体压强变化与化学反应之间的联系规律，从而使学生自主地开始用总结出的联系规律设计二氧化碳和氢氧化钠反应的实验，极大地调动了学生学习的积极性。我又进一步提出问题，氢氧化钠溶液中有水，那么是二氧化碳与水反应还是二氧化碳与氢氧化钠反应而产生的现象呢？学生们在思维已经活跃的基础上很快设计出了对比实验。这样的练习，不仅促使学生把所学的知识在不同情况下加以应用，完成了知识的迁移，而且大大提高了学生的实践应用能力。

（三）探究性作业的布置

探究性作业的布置切忌搞题海战术，为完成作业而完成作业，而应该注重知识的整合、知识的迁移，遵循循序渐进的原则，兼顾不同层次学生的水平设计不同梯度的探究作业。比如，在复习气体的制备和收集专题时，如果按照常规的教学模式——教师讲学生听，会让学生感觉无聊而丧失继续学习的兴趣，所以，我把复习的主动权交给学生，精心设计了复习专题的作业。首先，用选择和填空的形式引导学生总结，完成知识的整合；然后，利用学生已复习的知识设计探究作业，完成知识的迁移；最后，通过能力测试题完成知识的深入及思维的拓展。

三、探究性学习的反思

（一）课时矛盾问题

在课堂上进行探究性学习，要比把知识完整地传授给学生用时多，从而感到课时紧张，而最主要的原因还在于考试和现行评价机制的压力。如何在有限的时间内既完成中考所要求的教学任务又培养学生的探究能力，是每位教师都必须思考的问题。

（二）学生层次问题

学生的知识基础和能力水平不同，甚至有较大的差异，那么如何才能使探究性练习面向全体学生，使不同层次的学生的探究能力都能得到相应的提高，这也是一个亟须解决的问题。

（三）教师素质问题

在课堂教学中运用探究性学习要求教师不仅是简单的知识传授者，更应是学习共同体中的参与者与帮助者。在探究性学习的不同阶段，教师的角色表现和辅导策略也应做出相应的调整。所以，教师首先要改变教育观念，改变教学内容的呈现方式，并且也要具备创新意识和创新精神，如此才能设计出有水平的教案，提出有深度的问题，做出科学的评价。而现在一些教师仍然采用新教材老教法的方式进行教学，没有真正领会课改的意义，因此，加强教师之间的研讨，加强各省市优秀教师经验交流，加强教师队伍的培训，等等，都可为教师素质的提高提供更广阔的空间。

（四）效果评价问题

在探究性学习中，学生的答案极有可能与标准答案不一样，如何保护学生的自尊心，创设科学、合理、民主、有利于师生共同进步的课堂评价体系，还需要每一位教育工作者共同探讨和研究，需要我们在教学实践中不断尝试和摸索。

在大力提倡素质教育的同时，我们不应该抛弃接受性学习。探究性学习注重培养学生的创新意识和实践能力，而接受性学习对完整而系统地掌握知识起到了不可估量的作用，这两方面是互相促进、相辅相成的，不可盲目否定任何一面。正确处理好两方面的关系，需要我们每一位教育工作者的不断研究和探索。

（攀枝花市外国语学校党委委员、副校长　陈思言）

第二节　突破束缚，打造品牌教育

今天，没有哪一项事业像教育这样影响甚至决定着接班人问题，影响甚至决定着国家的长治久安，影响甚至决定着民族复兴和国家崛起。我们要培养德智体美劳全面发展的社会主义建设者和接班人，大力培养担当民族复兴大任的时代新人。

我们要打造品牌教育，创建品牌学校，和培养时代新人的目标有机结合起来。一所具有良好教育品牌的学校，必定要有富有远见的领航人，有长远的培养规划，有较高的教育教学水平。

一、廉洁做校长，清白办教育

"物必先腐，而后虫生""把权力关进制度的笼子里"，习近平总书记的话为管理者敲响了警钟。校长是一种荣誉、一种责任，更是一种服务和奉献。一名好的校长首先必须有良好的服务意识，当好师生的公仆，站起来能当伞，俯下去能做牛，耐得住清贫，忍得住寂寞，镇守住自己的学校，正确处理好班子间的工作、生活关系，时刻提醒自己要坚持"七慎"，"有为才有位，有为才有威"。一名好的校长还要有良好的协调调动能力，如何融洽老师与学生、家长、社会的关系，如何调动老师工作积极性，如何办一所学生喜爱、家长信任、教师自豪的理想学校……都是一名校长所要思考的问题。一名好的校长要具备教育思想的前瞻性，要有品牌意识；要具备培养人才的科学性，要有危机意识；要具备学校建设的开拓性，要有创新意识；要具备战略思想的远见性，要有超前意识；要具备人格魅力的亲和性，要有团结意识。

二、更新管理观念，扎实推进课程改革

"学校 1% 的不合格代表着 100% 的失败"，要真正实现学校"全面关注，均衡发展，整体冒尖"的发展思路，就要坚定不移地推进课程改革的进程。

（一）加强师资队伍建设，更新教育观念

不少学校用于教师培训的经费已高达十几万，可有些教师始终不改老式教学模式，甚至出现走回头路的现象，使培训没有达到最好的效果。教师一定需要培训，但优秀的教师不是培训出来的，而是要通过培训激发内心的自发成长。教师对自我专业发展的意识淡薄是提高教师专业发展的根本障碍。教师的自我专业发展需求和意识既是教师成长的起点，又是教师专业发展的内在动力。没有教师的自我专业发展意识，就很难有教师理想的追求，也就难以有自我潜能的挖掘，也就不可能有教师的快速成长。因此，激发自我专业发展意识是教师成长的重要基石。改革是从上到下的整体变革，不仅需要行政手段的大力推进，更是需要让教师们体会到课改的必要性，尝到课改的甜头，从而产生课改的主动性和积极性。校长在管理上不仅要抓好教学常规管理，更要落实到每个人、每节课、每个教案、每本作业。使教师成为有创新思想的人，成为研究型、专家型的教师并激发教师的理想，最有效的途径就是多读书、多反思，书永远是成长的阶梯，而没有反思，无论是教育还是人生都是盲目的。教师文化人格的价值体现在两个方面：为学生发展服务，为自己的专业发展服务。要让教师能够更好地体现自己的价值，就是要让教师明确学校的核心价值，在校长和师生面前树立起超越现实利益的人生理想和教育理想，帮助教师们在理想的坐标里找到各自的位置，从而达到激发教师主动发展意识的目的。

（二）大胆整合教材，合理开发校本课程

课改的瓶颈是导学案成了练习册、学生的无谓讨论拖延了课堂时间、教学任务难以完成……思想僵化是导致瓶颈无法突破的根本原因。课改的精要是变课外预习为课内自学，减轻学生学业负担；变满堂灌为精读多练，变"是什么"为"为什么"，放手让学生自学，"先学后教再练习"。各备课组发挥集体备课的功能，利用集体智慧开发适合学科特点的校本教材。教师专业化发展和教材的整合，离不开校本教研这个平台。校本教研不仅有利于学生的探究学习，也有利于教师施展才华，是促进教师专业化发展的一个广阔舞台。

（三）建立绿色评价机制，深化课程改革

没有良好的评价机制，就不可能推动学生的主体发展和教师的主动发展。评价不仅要重结果，更要重过程及多元化。良好的评价机制能够做到分层区别激励，从而达到破解精英化，促成"整体冒尖"的教育目的。

三、开阔视野，明了管理内涵，走特色发展的道路

如何在学校建设中走出特色发展之路，如何形成学校的特色文化，都需要充分发挥班子成员集体的智慧，跳出思维的框架，明确管理的内涵。校长要把以人为本的思想贯穿于学校管理的始终，从人的需求出发，思考并选择恰当的教育行为，促进师生发展。学校文化是学校生存、发展的灵魂和精神支柱，凝聚着全体师生对未来的价值追求，是学校精神和师生精神的内涵体现。着力培育学校文化，通过文化陶冶人、感化人、教育人，发挥文化熏陶感染、潜移默化的功能，把校园文化传达的信息送到广大师生的心中，化为人性，化为人格，化为人品。学校文化的培植和发展，需要全体师生长期共同努力，不断培育，逐步汇聚。

学校之间的差别是文化差别，学校之间的竞争是文化竞争。学校品牌实质是学校文化品牌，显著的特征是学校特色文化。具有个性和不可复制性的学校特色文化一旦得到社会认可，就会使学校影响力和品牌效应越来越大，有力地提升了学校竞争力。特色文化的形成、人文精神的追求，其核心在课程，根本在教师。充满人文精神的学校，必须具有一支充满人文精神的高素质教师队伍。具有良好人文素养和人格魅力的教师才是学生真挚的良师益友，才是学校实现"办一所让孩子喜欢、家长放心、社会认可"的理想学校的保证。

现代管理尤其是学校管理应紧紧把握的一个关键，就是从情感管理到情感激励，这也是有效实施学校管理的关键。情感管理增强了学校的凝聚力和向心力，也激发了师生的责任心与积极性，提高学校成员对学校文化重要性的认识和对学校文化的认知力，充分发挥群体智慧，把师生参与学校文化建设的过程变成认知、认同、内化学校文化的过程。真心服务学生成长，办学生喜欢的学校，办有尊严的教育，为全校师生带来幸福感、归属感，是突破束缚、打造品牌教育的根本。品牌教育的打造可以提升师生的生命价值，让生命绽放华彩，实现学校教育教学更强更快发展的梦想。打造品牌教育的行动，永远在路上。

（攀枝花市外国语学校党委委员、副校长　陈思言）

第三节　借品牌力量、提升学生素质、抓学校特色

——攀枝花市外国语学校华山校区的涅槃之路

2019 年，由陈丁校长领衔的攀枝花市初中名校长工作室成立，我有幸成为工作室成员之一。三年来，在陈丁校长的指导下，在其他工作室成员的帮助下，在名校长工作室的平台中我不断学习成长，我的学校管理水平得到提升，我分管的攀枝花市外国语学校华山校区也不断发展，市民满意度提高、社会影响力不断增强。现将华山校区三年来的发展之路做简要总结。

攀枝花市外国语学校华山校区，原攀枝花市第四初级中学，是攀枝花市办学历史悠久的学校之一，她曾有一个攀枝花人耳熟能详的名字——东方红学校。东方红，迎着朝阳，东方最美的一抹色彩，承载着三线建设者们最美的青春。但在城市的发展变化中，随着城市中心的转移，她逐渐被边缘化，学校发展遇见瓶颈，困难重重，到 2016 年，学校不得不暂停招生。在市委市政府及攀枝花市教育和体育局的统一规划下，学校于 2016 年 5 月 16 日并入攀枝花市外国语学校，成为攀枝花市外国语学校华山校区。一所曾拥有悠久历史的学校在新时代被赋予了新的历史使命，也开始了新的征程。在集团的统一管理下，在第一任分校校长罗勇的带领下，两年时间，学校基本步入了健康有序发展的轨道，学校面貌发生了一些根本性的改变。

2018 年 8 月，根据组织安排，我担任攀枝花市外国语学校华山校区校长一职，成为华山校区的第二任校长，这是我工作历程中一个巨大的挑战。摆在我面前的问题很多，怎样增强华山校区教职工对学校品牌的认同感、对学校文化的认同感、对学校的归属感，真正实现华山校区与学校之间的深度融合？怎

样增强片区居民对学校的认同感，改变周边居民对学校就是一所差学校，学生都是差学生的认识？怎样尽快提高学校办学质量？带着这一系列问题，我心怀忐忑地来到华山，在陈丁校长的指导下，查问题、找思路，尽心竭力开展学校工作。

一、学校现状分析

（一）存在的问题

1. 教师态度问题

两校区还没有实现真正意义上的融合，各自为政，华山校区教职工没能融入外国语学校这个大家庭中；加上长时间形成的薄弱学校的惯性思维，教师没有集体荣誉感，工作缺乏积极性，部分教师存在一定的得过且过思想。

2. 学生自身条件问题

片区居民对学校没有认同度，成绩较好、家庭条件较好的学生都纷纷到片区外的优质学校就读，留下来的往往都是学习基础较差、存在种种家庭问题、行为习惯不太好的学生。教师和学生这两个方面的问题不能得到根本性的改变，短期之内要想大幅度地提升学校的办学质量和影响力是相当困难的。

（二）有利条件

1. 校园环境优美，办学条件优越

华山校区合并前，是市教体局直管的标准初中，有一流的运动场、理化生实验室、音乐室、美术室、图书室、心理咨询室、健身室和相关功能室。合并后，在上级部门的支持下，办学条件得到进一步改善，能全方位满足教育教学、教师成长和学生发展需要。

2. 师资力量雄厚，可挖掘潜力巨大

作为一所办学历史悠久的老牌学校，华山校区拥有一批教学经验丰富的优秀教师，师资力量不容小觑，关键是要把他们的工作积极性调动起来、教学热情激发出来。

二、以人为本，创新举措，抓深度融合

要实现两校区教师的深度融合，实现教育资源最优化、办学效益最大化，经过调研和讨论，学校领导班子确定以下问题是当下要重点着手解决的工作：

（1）教师的心理冲突问题需要解决。

（2）教职工思想认识需要统一。

（3）干部及教师队伍建设需要重视。

（4）两校区校园文化优势互补和深度融合需要整合。

怎么干？怎么办？这是对新一届集团领导班子智慧的考验。

很快，集思广益的措施形成了：

（1）创设宽松、和谐、愉悦的氛围，以实际行动减轻合并方教职工对新环境的陌生感。

（2）切实为教师做好服务，让他们充分感受大家庭的温暖，增强作为学校一员的幸福感。

（3）创建有效思想沟通的渠道。

（4）妥善安排干部和教师岗位，做到让人人安心工作。

（5）树立典型，榜样引领，增强对自身和新学校的价值认同。

（6）抓好教职工队伍思想建设，促进深度融合。

竹园校区在长期课改实践中形成了一支团队意识、协作精神和战斗力强的教师队伍。他们团结协作、共同成长，很多教师已成长为省市区乃至全国课改知名教师，学校已是具有相当影响力的优质名校。如何在华山校区推广竹园校区先进的管理经验和优势？这需要在两校区统一管理、深度融合上多下功夫。

华山校区加强竹园校区的文化建设；着力推进年级组、教研组统一管理、统一教研；教学上大力推广竹园校区"疑探助学，四环递进"的高效课堂教学模式，在华山校区形成了"深入推进课改，以课改促进教育教学质量全面提升"新的发展定位；两校区教职工统一工作要求、统一考评（前提是建立学校完善、公平的考评机制）、统一福利待遇。通过这一系列举措，华山校区教职工增强了对学校的认同感，快速树立起我是攀外人的角色意识，激发出工作热情，从而使教学质量得到明显提升。

三、德育为先，精细管理，提升学生素质

之前华山校区学生给周边居民产生了不少负面影响，因此我认为，学校当务之急是狠抓德育管理，要把德育当成一个系统工程来抓。为把学生培养成具有守正品质、全面素质、创新精神的时代新人，全体教职工脚踏实地、大胆

创新，开创了学校德育教育的新局面，呈现出一些可圈可点的闪光点。

（一）常规教育常抓不懈，规范学生养成教育，形成特色德育校本教材

根据学生目前的实际状况，学校狠抓严抓学生常规教育和习惯养成，规范学生养成教育（图 8-3-1）。

图 8-3-1　学生养成教育

（1）学校利用每周一的升旗仪式开展国旗下讲话活动，将爱国教育、礼仪教育、安全教育、法治教育、健康教育、理想教育、感恩教育和传统文化教育融入其中，不断推进校园文化建设，促进学校特色发展。

（2）学校每月确定一个主题开展系列德育活动：一月，缤纷冬日送温暖主题；二月，行为规范训练；三月，爱在心中学雷锋主题；四月，学先烈革命传统教育；五月，热爱劳动感恩教育；六月，放飞童心庆六一主题；等等。每一次的节日体验和实践活动都做到有计划有方案，有过程有内容，有总结有信息。学校始终把感恩教育、生命教育作为教育重点，让学生懂得珍惜拥有的幸福，感恩自然，感恩社会。

（3）学校规范请假制度，严格控制学生的出勤，统一走读学生和住宿学生请假标准。班主任、门卫室、家长密切衔接，实现对学生的无缝隙管理对接。

（4）学校严格规范学生仪容仪表，明确标准，严格检查。

（5）学校强化卫生清扫及卫生保持。

（6）学校加强课间秩序管理，制定相关制度，由班级、年级、德育科三级执行检查工作，以形成安全、文明、有序的课间。

（二）推进班主任专业化发展，夯实德育主阵地，推进班主任精细化管理

为了推动和促进班主任队伍建设和专业化发展，进一步提高班主任综合素质，培养一批德育骨干教师，学校选派优秀班主任外出学习。同时，学校在班主任专业化工作方面进行了创新性的探索：每月举办一次"班主任经验分享交流"会，每期举办一次"班主任减压"活动，如"花间心世界，书香莳花人"体验课（图8-3-2、图8-3-3）。班主任们在活动中或展开"专题讨论"，或进行班级工作经验交流，或进行"难题聚焦"，在交流中学习经验、释放情绪、获得支持。

图8-3-2 "花间心世界，书香莳花人"体验课课件封面

图 8-3-3　体验课课堂准备

（三）普及学生安全知识，提高防护能力

学校安全工作是关系到学校师生生命、家庭幸福、社会稳定的一项重要工作。学校本着以人为本、安全第一的管理原则，做了大量的安全教育工作，尽一切所能减少校园安全事故的发生。

1. 定期召开安全工作会议

学校经常性地抓校内设施、消防、饮食卫生等安全工作，经常在教职工大会上讲安全工作，以提高师生安全防护意识和自我保护意识。通过这些有效的措施，学校有力地提高了防范能力，确保了学校教育教学、生活秩序的稳定（图 8-3-4，图 8-3-5）。

图 8-3-4　抓校内设施及饮食卫生等安全工作

图 8-3-5　请警察培训消防安全等相关内容

2. 开展各项安全活动

学校开展各项安全活动，如安全知识大搜集、安全知识竞赛等，以此为载体鼓励全员参与，把安全工作作为班级日常的重点工作，寓安全教育于活动中，加强安全教育，提高师生安全意识，养成安全习惯。

3. 开展安全预防演练

学校进行多角度、有针对性的安全教育与指导，使师生提高了应对各种安全隐患和突发事件的能力和自我保护能力。为了防止意外伤害，班主任教师每周放学前都会对学生进行安全教育（图 8-3-6，图 8-3-7）。

图 8-3-6　对学校来往行人进行安全检查

图 8-3-7　攀枝花市外国语学校"11.9"消防应急疏散演练

（四）开展丰富多彩的文体活动，多角度展现学生青春风采

学校始终把文体活动作为加强学校精神文明建设，对外展示学校良好形象和素质教育成果的有利契机，作为培养学生、提高学生素质的一项基础工程和最有效的载体。学校每年举办体育节和艺术节活动。学生每年在市级各项比赛中取得多项优异成绩（图 8-3-8，图 8-3-9）。

图 8-3-8　现场书画大赛　个人才艺大赛

图 8-3-9 认真比赛的学生

（五）心理教育新颖有效，促进学生心理健康发展

心理健康教育已成为学校德育工作的重要组成部分，本校区现有心理健康专职教师 1 人，设立了心理咨询室，定期开展心理健康知识讲座，鼓励学生制作心理健康手抄报、黑板报和心理漫画，通过手抄报的制作及心理漫画描绘，使学生主动关爱自己的心灵，提升了学生的心理健康水平，促进了学生健康人格的形成，增强了育人的科学性、实效性。

（六）关注住校生的生活，丰富充实他们的心灵

学校在长期的办学过程中，形成了独具特色的住校生管理制度。学校首先形成一个共识：服务意识。从学校领导到各班主任和寝室管理人员，都将"一切为了学生，为了学生的一切"作为住校生管理工作的指针。学校健全干部教师值班制度，严格落实学生的一日常规；制定一系列住校生管理制度，形成"干部带班—宿管员值班—学生值勤管理"的合作化互动局面，提升管理力度和效果。不仅如此，学校还想方设法丰富住校生的生活，如购买图书供他们借阅。

（七）密切家校合作，实现共担、共育、共享

学校促进家校教育合力，使学校教育、家庭教育有机结合，践行"成就一个孩子，幸福一个家庭，奉献整个社会"的办学目标。

（1）成立了家长委员会，建章立制，夯实"家长学校"的管理，探索"家长学校"的模式，拓展渠道和方式，丰富"家长学校"的活动，使家校工作系列化、常态化，使其成为学校和家庭沟通的桥梁和纽带，充分发挥家长对学校工作的参谋、监督、参与作用。

（2）定期召开家长会，举行家长学校培训活动，让家长了解学校、班级教育教学活动开展情况，交流家教方法，令家长们受益匪浅。

（3）邀请家长代表参加学校组织的各项活动，如技能大赛、运动会、艺术节、食堂管理等，让家长实质性地参与活动，深入地了解学校的教育教学特色。

四、以艺体工作为抓手，提升学校影响力，增强学生荣誉感

学校始终把艺体工作作为全面实施素质教育、促进学生健康成长的重要内容。华山校区高度重视艺体工作，以"打造学校体育亮点、弘扬体育传统项目，提高全民身体素质"为突破口，不断深化体育教学改革，通过体育课、阳光体育、大课间活动、体育节等活动，使学生的身体素质得到全面发展。同时，学校开设了排球、羽毛球、篮球、田径、乒乓球等多项体育社团，以及合唱、器乐、素描、动漫等艺术类社团，丰富了校园体育文化生活；组织各种各样的艺术活动，校园艺术节、校园艺术人才大赛等，让学生们在多姿多彩的校园生活中健康成长，五育并举，促进学生全面发展。

（一）创建排球特色学校，打造学校体育亮点

为打造精品，争创特色，提升学校办学品位，丰富校园文化内涵，华山校区以排球运动作为特色创建项目，通过完善排球场地设施、培养培训体育教师、广泛普及排球运动，打造排球特色学校，提升学生核心素养，促进学生全面发展，推动学校体育工作迈上新台阶。

第一，华山校区成立了以校长为组长、体育教师为成员的排球特色领导小组。

第二，加强组织管理，明确目标，制订方案。

第三，结合学校实际，增加排球训练基地、添置器材，为排球运动更好地开展奠定基础。

第四，加强师资培训，学习先进教育理念，掌握专业排球知识及科学授课方法，提高教学、带训水平。

第五，开展丰富多彩的活动，营造良好氛围。学校将排球运动融入体育课

堂，实现"人人会打排球"的目标。

学生"人人练、时时练"是学校的一大亮点，每天的大课间活动、中午休息、体育课、下午的阳光体育活动、晚上的校排球队训练，师生们都尽情地享受排球给他们带来的乐趣。

在全体师生的共同努力下，学校的排球项目取得了可喜可贺的成绩：学校男、女排球队代表市直属学校，参加市第八届运动会学生组排球比赛，双双获得第二名。校排球队还在暑假期间参加了在绵阳举办的 2019 年四川省青少年沙滩排球锦标赛，取得两个第六名、一个第九名的好成绩，并且多人获得体育道德风尚奖（图 8-3-10）。

图 8-3-10　排球队合影留念

（二）打造形式多样、内容新颖的阳光大课间

大课间体育活动是学校教育、体育活动的重要组成部分，是反映学校教育、体育工作理念、质量和师生精神面貌的重要窗口和平台，具有重要的健身、教育和文化价值，是切实保证学生每天一小时体育锻炼质量的重要活动。为全面实施素质教育、切实推进体育活动高质量地开展，学校结合实际，积极组织学生开展形式多样、内容新颖的大课间活动。

学校采取"集中活动与分散训练"的方法来提高大课间的活动效率。每天上午第二节下课后，全校学生先集中做广播操；然后初一、初二年级做校本自编操，锻炼体质，增强自信，初三年级各班分散在指定地点训练跳绳、排球、实心球、立定跳远等体考项目，为中考做准备；最后，全校集中跑步，初一、初二年级"蛇形跑"，初三年级"方阵体能跑"。学校将全校教师安排到各活动场地，负责相应的活动项目，参与指导和管理，同时鼓励教师加入学生锻炼的队伍中（图 8-3-11）。

图 8-3-11　大课间体育活动

学校录制的大课间室外体育活动视频参加 2019 年攀枝花市中小学校、中等职业技术学校大课间体育活动视频评选活动，经攀枝花市的专家评审，认为学校的大课间活动设计新颖，针对性强，锻炼效果好，推荐至省级参评，荣获省级一等奖。

目前，华山校区的大课间活动做到了有内容、有声势、有影响，并营造了人人参与、个个争先、生龙活虎、朝气蓬勃的校园氛围，让学生主动地走出教室，走到阳光下，展现自我，体现出了素质教育的真谛。

（三）弘扬体育传统项目，让体育之花在汗水中绽放

地掷球运动是学校传统优势群众体育项目，自 1988 年开展该项目以来，至今已 30 余年了。2000 年 5 月，学校曾举办过中法国际地掷球比赛，2004 年出访法国。地掷球一直作为学校传统和优势项目保留和传承下来。

今年，学校与省社会体育指导中心、市教育和体育局共同协调，改造修缮两块地掷球训练场地备战全运会。改造后的地掷球训练场地的赛道水平度、抛击球反弹高度、标线尺度、灯光照明等均符合国家标准。

2021 年 9 月，学校张阜生和陆建强两位教师代表四川征战全运会。张阜生获得第十四届全运会群众组地掷球小金属球三人赛铜牌，陆建强获得第十四届全运会群众组地掷球大金属球准确抛击第六名（图 8-3-12）。

图 8-3-12　地掷球运动决赛合影留念

现在，在学校领导的统筹管理下，华山校区教职工工作积极，充满热情，学校教学质量大幅提升；学生素质明显改善，周边居民纷纷表示：这个学校的学生跟以前真的不一样了；艺体工作成效显著，硕果累累；学校办学质量和影响力不断提升。

　　学校、教师、学生荣誉接踵而来，这些荣誉无不彰显着华山校区师生的责任与担当。"华山校区的老师可贴心了，对我家孩子可关心了，我的孩子在这里考上了重点高中，我都没有想到""太棒了，我们在家门口就能上四川名校了，在家门口就能享受优质教育资源了"。家长信任与赞誉的话语不绝于耳，这些简单朴实的话语无不彰显着华山校区五年来的凤凰涅槃。

　　华山校区环境美了，教学质量提高了，学生爱了，家长选择了。五年来，华山校区在攀枝花市外国语学校教育集团"肩负新时代教育使命，培养守正创新时代新人"的教育思想，"构建'大德育'体系，培养具有'守正'思想的时代新人"的教育理念引领下，全校师生提振了精气神，凝聚了积极向上的正能量，积极探索，不断完善，努力追求卓越品质，全力营造一所孩子们真正喜欢的理想学校，一所家长放心、社会倾心的新课程改革样板校，在攀枝花市外国语学校教育集团的领导下，共同奋力创建义务教育优质发展共同体领航学校。

（攀枝花市外国语学校党委委员、副校长　刘亮）

第四节　落实"双减"做好"加法"，激发学校新活力

"双减"工作是新时代全面落实党的教育方针的关键举措，重在减负提质，其宗旨是充分发挥课堂主渠道作用，让学生在校内学足、学好，拥有更多的时间和空间来发展自己的兴趣、特长，从而实现德智体美劳全面发展。"双减"不仅仅是"减"的问题，更重要的是做好"加法"，减法是纠偏勘误，加法是正源立本。只有让教育在科学合理的加减运行中走向整体优化，"双减"工作才能真正落地有声，激发学校新的活力，实现学校的高质量发展，为学生的幸福人生奠基。

"双减"是我们国家进行的一场非常重大的教育变革！"双减"的背后看的是学校，"双减"就像奥卡姆的剃刀，要从剃刀精简原则走向学校教育的高质量发展，不但需要学校勇于弥补以前教育教学的不足，按照学校高质量发展标准来重构教育体系，也要落实更多的政策和措施。"双减"的背后看的是课堂的变化，课堂应该是充满思维含金量的，充满节奏和力量的，如果我们的课堂没有效率、没有训练、没有发展，就谈不上减负。"双减"的背后看的是教师，教师只有深入备课才能提减负，教师只有认真上课才能提减负，教师只有研究作业才能提减负，要让学生在校内学足、学会、学好。"双减"的背后看的是家长，学生在家庭的时间如何高质量地度过？这离不开家庭生活的高质量建设，涉及家庭育人功能的重构。只有学校、教师、家长各就各位，才可能为孩子提供一个高质量而又和谐的成长环境，才能切实促进学生的全面发展。

一、学校要在提质增效上做"加法"

（一）发挥学校教育主阵地作用

1.构建专业教育精神

学校要构建一种专业的教育精神，推动专业与使命双向强化的互动格局。"双减政策"的目的是让学生学习回归学校，强化学校教育主阵地作用。这就意味着学校要练就对学生学习进行整体安排和长远设计的能力，还要具有引领家庭教育和社会教育的能力。这都需要学校勇担教育使命，并且在具体教学实践过程中练就真本领，既要培育出专业追求的精神，也要培养出勇于担当的勇气，在做的过程中成就学生，也在做的过程中做大做强自己。

2.创新学校管理

教育行政部门，作为教育发展的领导者，应当在"双减"背景下，从审视教育发展的角度来规划教育发展蓝图，制定实施框架，指导教育发展方向；作为教育管理者，我们应当高瞻远瞩，关注教育改革的前沿动态，特别是"双减"方面的经验做法，根据教育改革发展的规律和要求，结合学校实际，创新发展思路，提升办学理念，完善管理体系，发掘课程资源，围绕促进学生德智体美劳全面发展这一培养目标，不断丰富和增强学校教育的资源和措施，通过整合校内资源，引入校外资源，弥补学校学科不足的缺陷，使学校教育呈现多元化发展。

（二）强化科学评价引领

科学的教育质量观和正确的政绩观是落实"双减"的关键枢纽。首先，降低评价的利害关系。我们不必把一次考试与学生的人生幸福绑定在一起。我们培养的是一辈子都愿意学习、愿意进步的并且具备终生学习能力的个体。其次，尊重学生的隐私。学生的学业成绩是学生的隐私。在大数据时代，学生的隐私很容易被滥用。再次，基于人的全面发展。我们用一把尺子，多去量一量学生的长处，"数子十过，不如赞子一功"，多给学生信心、勇气、力量和希望，以学生的长处带动他们的整体发展。学校要着力克服"唯分数、唯升学"的倾向，让每一个学生都能基于自身的个性特点获得"适合的教育"，获得人生成功、个性发展、人人出彩的机会，从源头上引导家长、全社会树立正确的教育观、人才观，如此才能真正地破局。

学校不能把考试成绩作为对教师评价的唯一标准，要注重对教师整个教学过程的评价。对单一的考试成绩进行评论，是结果评价，是一锤定音，它只会让教师把目光集中到做题上，想方设法、投入更多的精力进行各种训练，学生最终难以从繁重的作业堆里走出来。学校要切实践行中央及教育部的减负政策和具体部署，要把工作落实到教师一日的教学行为和过程中去，通过听课、交流、查看、走访等多种形式，真正掌握每一位教师实际的教学状况，切实做好教师的过程性评价。

（三）营造关怀氛围，给教师减压

社会转型、教育变革必然伴随着压力和焦虑的产生，教师作为基础教育一线的奋斗者，是直面这些压力考验的人，"双减"给学生减负，也意味着教师身心承担着更大的责任和压力。学校必须首先重视教师的体验感受，教师是"双减"的托底群体。"爱岗敬业"不是光喊口号就能有感召力和行动力的，教师"爱岗"的前提是教师本身也能感受到"爱"，从而转化为工作的责任感和动力。

为分担教师压力，学校在管理上加强统筹协调，调动更多教师参与课后服务工作，避免少部分教师工作量过大的问题。例如，学校可以聘请退休教师、社会专业人员参与课后服务补充师资；启动弹性上下班制度，完善教师激励机制，调动教师积极性。学校要进一步加强对教师的人文关怀，从专业培养、待遇提高、心理关怀、生活帮助等各方面出实招，让教师安心、舒心、专心从教，促使教师提高责任感和主人翁精神，充分、自觉地发挥工作积极性，为"双减"工作献智献力。

二、教师要在立德树人上做"加法"

（一）重塑育人观念

作为教师，我们要看到现在学生负担过重的现象，看到负担对学生全面发展不利的影响。当前，学生普遍缺乏锻炼的时间、社会交往的时间、亲子互动的时间、亲近大自然的时间等，这与教育规律背道而驰。教师要有教育的良知，要有教育的担当。"双减"不能以降低质量为代价，质量的内涵是立德树人，"双减"要着眼于学生的全面发展。以前校外培训机构和家长承担了很多教育工作；现在教育质量不能依靠校外，这就使教师的责任更大了，对教师的要求更高了。教师要主动提高能力水平，用更科学的劳动方式去适应这种变化。新政策，新挑战，需要教师有足够的勇气和决心走出因循守旧，走向创新发展。教师观念的改变，会促使教学行为的一系列变化，用自己的教学智慧改变课堂，用科学发展的基本规律设计作业，用充满活力的课堂教学激发学生兴趣，用多样化的活动破除唯分数评价学生的方式，让每一个学生的内心充满光亮，向着光明成长。

（二）提升教学质量

对于坚守学校教育教学主阵地、直面这场大战大考的一线教师来说，"双减"也是一次专业能力的磨砺。在"双减"背景下，学校教育主阵地的作用进一步凸显，必须向教育方式要成效，向课堂教学要质量，激发课堂活力，变被动为主动。课堂教学是一门艺术，是教师与学生共同参与的复杂性活动。课堂教学如何才能高效，关键是设法调节好学生的注意力，提高学生听课的效率，激发学生兴趣，倘若讲者有意，听者无心，教学效果是不会好的。教师要精心设计课堂内容，用充满激情的语言调动学生注意力，要察言观色地及时调整教学策略，要合理分配时间做到精讲精练，要积极开展师生对话，要联系生活创设情境。"生畏"和"生厌"都是兴趣的大敌，是集中注意力的大患。倘若学生每上一节课都能有所得，那么这种新知的诱惑力就会使他们时常处于兴奋状态，变被动为主动，教学效果自然提高。

（三）促进教师专业成长

教师是学校教育教学工作的参与者和执行者，教师的专业素养、理论水平和执行力的高低，直接决定着"双减"工作的成功与否。因此，学校必须加强对教师的培训与培养。首先，教师要有创新精神。教师工作的一个显著特征就是创造性，面对时代变化、教育变革等各种形势，每一位教师都要有较强的创新精神、应变思维和行动力，教育教学工作不可能有一套任何时候都适用的方案，每位教师都必须应时而动，积极发挥主观能动性与创造性，创新开展教育教学工作。其次，学校要在教师的专业成长上下功夫，通过对教师的专业培养，使广大教师成为教育学生的能手，业务上的专家，不断提高课堂质量效益，从而推动"减负提质""减负增效"全面落实。再次，学校要发挥骨干教师的示范引领作用，通过"一帮一""青蓝工程"等活动的开展，让广大教师，特别是年轻教师迅速成长为学校教育的主力军，从而为"双减"工作得到更好的落实做好人才储备。

三、家长要在家校合作上做加法

（一）多些亲子陪伴

以往在"教育焦虑"大潮中，家长对孩子们的学习常常是加码要求、密集输入、不断施压，使学习变成了孩子难以承受、影响成长的负担，家庭教育偏离了正常和正确的轨道。"双减"的到来，让亲子时光终于回归到了正常健康的状态，如今每个温馨的夜晚、周末和节假日，为家长提供了大把陪伴孩子的时光。家长要真正"蹲下来""静下来""慢下来"，近距离地多观察、多了解、多陪伴孩子，好好审视家庭教育方式，用心聆听孩子的内心，认真沉淀自己的教育理念，让亲子时光变得有情、有序、有意义，做孩子成长路上温暖而坚定的陪伴者。

（二）多些责任精神

孩子的成长，离不开父母的教导和家庭的熏陶。减轻学业负担，不代表减去父母的责任，与之相反，它更考验父母的担当。父母是否优秀不在于学历的高低、文化的多少，而在于是否有责任意识。陪伴是责任，养育是责任，以身作则是责任。履行父母的责任，就是对孩子的人生负责。双减，减去了作业的总量，减去了课外培训，让学习回归课堂。但同一个班级的孩子各有所长，在普遍性的教育模式中，难免出现行为和成绩上的差异。作为最了解孩子的人，父母要更专注于培养孩子的自控力、专注力和情绪管理能力，与教师携手，共同为孩子成长助力。要知道，孩子的学习是爬坡，更要家长和学校的"双向奔赴"。

（三）多些角色担当

父母要成为孩子的心理营养师，给孩子一份心灵的力量。孩子生理上的成长，需要食物、水、阳光和空气，而孩子心理上的成长，同样需要充足的养分。心理成长包括认知、情感、人格方面的逐步完善，它需要耐心的陪伴和培育。父母要成为孩子学习的引领师，给孩子做好学习榜样。最好的教育是行为教育，让孩子真正行动的方式永远是言传身教，当父母发自内心地爱上学习，不断成长，孩子自然能从中汲取充足的能量。一个人的成长，如果没有导师的指引，就无法认清生命的方向，更谈不上切实思考和行动。当孩子没有目标的时候，家长要做好方向引导，帮助孩子树立志向，将个人的学习成长与国家命运紧紧相连，找到成长的内生动力。

"加"应当是守正创新，"减"是正本清源。教育变革潮涌的时代，每一个教育相关主体都是"双减"的责任人，我们在"减负提质""减负增效"的同时，更应该做好"双减"背后的"加法"。让我们一起努力，让教育资源全程伴随每个人，让教育成果平等面向每个人，让教育过程全面展现给每个人，让教育效能深度助力每个人，让每个孩子都有人生出彩的机会。

（攀枝花市外国语学校党委委员、副校长　刘亮）

第五节　初中学校生命教育实施策略研究①

——以攀枝花市外国语学校为例

2021年11月，教育部为贯彻习近平总书记关于教育、卫生与健康的重要论述，落实《"健康中国2030"规划纲要》，充分发挥中小学课程教材在生命安全与健康教育中的重要作用，制定了《生命安全与健康教育进中小学课程教材指南》（以下简称《指南》）。将生命安全与健康教育全面融入中小学课程教材，是实现生命安全与健康教育系列化、常态化、长效化的重要举措，对培养德智体美劳全面发展的社会主义建设者和接班人具有重要意义。攀枝花市外国语学校为积极响应习近平总书记的号召，落实党的教育方针，主动联系群团组织攀枝花市红十字会，在初中学校生命教育实施策略领域做了一系列的探索和研究。

一、学校生命教育工作机制的研究

世界卫生组织2019年发布的自杀评估数据显示，自杀成为全世界10~25岁青少年的第三大致死原因，仅次于交通事故和溺水。我校是初中学校，学生的年龄段在11~16岁，正处于身心快速发展、情绪两极化、行为易冲动的青春期，也是树立正确人生观、价值观和生命观的最佳时期。而学校是初中生学习生活的最重要场所，开展生命教育是对学生的终身发展负责。如何开展系统、有效和终身发展密切相关的生命教育？首先就是要对学校生命教育的工作机制进行探索和研究。

---

① 四川省高校思想政治理论课教师培训中心（SZQ2021-2-132）研究成果。

（一）建立健全组织领导机制

在初中学生生命教育工作机制建设中，组织领导是居统领地位的，是确保学校生命教育工作有序、持续开展的首要机制。由学校党委领导班子牵头成立攀枝花市外国语学校生命教育研究领导小组，将中学生生命教育纳入学校的教育教学与管理服务之中。学校生命教育研究领导小组积极主动外联攀枝花市红十字会，成立攀枝花市外国语学校红十字会，由党委书记、校长兼任会长，班子成员兼任理事长，中层干部兼任理事，学校办公室主任兼任秘书长，并在攀枝花市红十字会的指导下成立攀枝花市外国语学校红十字志愿大队。学校生命教育研究领导小组从学校管理工作、红会管理工作两个方面进行学校生命教育的顶层设计，构建学校生命教育的领导管理工作机制，形成目标准确、分工明确、外联内展、协同前行的工作格局。

（二）建立健全社会、学校、家庭协同共进工作机制

要系统、高效地开展生命教育，必须打破教育是学校的事的错误观念，各方积极行动，共同参与到中学生生命教育工作中。一是攀枝花市红十字会积极开展的青少年教育活动需要落实场域、推广途径；二是学校生命教育工作探索工作新思路，响应中国共产党关于医教融合的号召，合理利用社会、群团组织、医疗机构资源，培养学校教师、家长的应急救护技能，提高教师、家长、学生的安全防范意识，让学生树立终身锻炼、疾病预防的良好习惯；三是依据《中华人民共和国家庭教育促进法》对家长展开生命教育，提升家长教育能力，促进家庭更好成长。以此，建立起三方协同共进的工作机制及心理危机干预机制；丰富生命教育资源，挖掘三个群体的主观能动性；充分发挥学校的教育能力、争取社会的资源支持、促进家庭的和谐成长；形成好操作、能复制的家庭、学校、社会一体化生命教育工作机制。

（三）教师培训机制

"没有教师生命质量的提高，就很难有高的教育质量；没有教师精神的解放，就很难有学生精神的解放；没有教师的主动发展，就很难有学生的主动发展；没有教师的教育创造，就很难有学生的创造精神"。所以培养一支具备生命教育能力的教师队伍是非常重要的。学校依托市红十字会资源，建成"请进来"跨学科专家，教职工"走出去"的培训模式；建成以班主任、科任教师、安保人员、宿管人员为主体的学校应急救护员队伍；在校内教职工、学生家长和学

生中开展红十字应急救护普及培训；建成安全防护和应急救护技能培训练习模式；形成好操作、能复制的一体化生命教育培训工作机制；帮助教师树立正确的教育理念和正确的生命观，帮助教师提升生命教育的能力，熟练使用生命教育的相关教育方法。

（四）线上线下培训机制

学校建立线下教育与线上教育的协调互动机制，建成融合红十字精神特色的生命教育进课堂的教育模式。当代初中学生是互联网时代的原住民，在网时间长、浏览参与的内容广泛，受互联网的影响较大。例如，"蓝鲸死亡游戏"等威胁中学生生命安全的网络负面因素充斥着网络空间。因而，学校在进行线下生命教育的同时，要做好线上生命教育工作。学校应积极掌握网络生命教育的特点和规律，做好意识形态预判工作，主动占领网络生命教育阵地，提升进行线上生命教育的本领，不断探索网络生命教育的有效途径，使线下生命教育与线上生命教育互为补充、协调互动。

二、生命教育课堂渗透融合的研究

青少年的成长环境发生了剧烈变化，学生的身心出现了新的特点。依据《指南》涉及健康行为与生活方式、生长发育与青春期保健、心理健康、传染病预防与突发公共卫生事件应对、安全应急与避险等 5 个领域 30 个核心要点，生命教育多学科融合课程坚持把立德树人作为中心环节，成为培育和践行社会主义核心价值观的载体。学校从生命的意义、生命的精神内涵和生命的应急救护技能等方面探索新时代生命教育，帮助和引导学生了解青春期生理、心理发展特点，掌握自我保护、应对灾难的基本技能，学会尊重生命、关怀生命，树立积极的生活态度，以一种积极的心态与人交往，养成健康良好的生活方式。

（一）建立生命教育多学科研究小组，开展文献和教材的研究

1. 建立生命教育的学科研究小组

各学科以小组为单位组织开展该学科渗透生命教育的文献学习研究工作，对把心理学、教育学、医学的知识概念和心理危机干预体系融入道德与法治、语文、生物、地理和健康教育等不同学科的研究成果进行分析研究，明确在学科课堂中渗透融入生命教育的方法和路径，进行将各学科的生命教育资源融入生命教育的校本教材开发。

2. 梳理各学科教材和教学目标与生命教育中重合交叉的内容

生命教育内容涉及多个学科领域，如《生命·生态·安全》《道德与法治》《体育和健康》《健康教育》等学科是生命教育的显性课程，明确了生命教育的目标；再如《语文》《地理》《音乐》《美术》是生命教育的隐性课程，积极探索生命意义、讴歌生命壮美。我们要梳理各学科教材和教学目标与生命教育中重合交叉的内容，以丰富生命教育的内容，拓展生命教育的广度，挖掘生命教育的深度。

（二）多种教研形式构建学科生命教育课程，开发多学科生命教育校本教材

1. 在学科的教学中增强生命教育意识，组织学科教研教学活动

将生命教育融入多学科课堂的备课和集体教研活动，并把各学科的研究成果成功转化为学校生命教育课程。利用各学科知识特点、课程资源，实现多学科课程的深度融合、完全渗透，形成语文、思政、地理、生物、健康教育等学科的生命教育校本教材。通过对各学科生命教育课的公开课、活动课的打磨，挖掘生命教育内容，不断提升教师的教学能力。分学科、按需求、分阶段，适时、适量、适度地对学生进行喜闻乐见、生动活泼的生命教育。

2. 通过整理、研究、提炼，在各学科中融入渗透生命教育的研究成果

开发形成具有跨学科特点、多学科融合的多维立体的生命教育融合课程和运行机制。编撰符合初中生生理、心理发育特点的生命教育校本教材，使其可以运用于课堂、讲座、班会等多个教育教学场域，还可以用于教师培训、家长讲座、社会公益活动等。积极推动教研成果在其他学科、其他班级的运用，推动在同地区、同阶段学校的推广运用。

通过整合家庭、学校和社会的资源，实施构建多学科融合特色的初中学生生命教育课程，帮助学生树立正确生命观、健康观、安全观，养成健康文明的行为习惯和生活方式，自觉保持健康行为，为终身健康奠定坚实基础。提高对初中生生命教育的预见性，形成"尊重他者与自己的生命"的基本生命观，改善现代青少年自杀及欺凌等行为问题。

（攀枝花市外国语学校教师 王海云）

第六节　心理健康教育助力薄弱学校进行分层走班教学模式实践

　　攀枝花市外国语学校华山校区是攀枝花市建市以来成立最早的一所高完中。由于主要行政区和商业区逐步从老区剥离，加上东区教育和体育系统对本区小升初学生去向管控很严，该校的生源每况愈下。自 2010 年 9 月起，全校 1589 人的规模在 6 年时间内迅速萎缩到全校仅 326 人。在攀枝花市教育和体育局的主持下，该校整建制并入攀枝花市外国语学校教育集团，由一所独立建制的高完中成为该集团一个内设机构——华山分校。该校现有学生中本片区户口仅 80 人，外来务工随迁子女约占总人数的 75.5%；全科及格仅 17 人，差一科及格 23 人。这些学生在家庭中的受关注度低，普遍存在行为习惯差、学习效果差等现象。以课堂革命为发展的契机，华山分校以普通百姓的需求为方向，以学生为秀木，以教师为园丁，从思想上开始转变，坚持教为学服务，以学定教、以学评教、以学促教、以学生全面可持续发展为方向和目标，为祖国和人民培养合格优秀的劳动者。华山分校利用现有条件，克服阻力，积极学习、推进、实施分层走班教学模式，夯基础、补短板、提实力，尽早见课堂改革效益。

　　分校以年级为单位在 2016 年秋季学期全面开展分层走班教学模式。从分层走班教学模式的提出到落实，仅有 4 个月时间，时间紧，任务重，最关键的是这是一种非常先进的教学模式，教师都没有接触过，有些教师甚至听都没有听说过，这是个很大的挑战！

一、大学习

　　（1）邀请攀枝花市教科所理论室的专家到校开讲座，对全体教师进行理论培训。讲座对青春期学生心理特点和分层走班教学模式的基础概念进行了详细的解释，对于具体操作和实践运用，举了美国中学的实际案例，让教师有了大方向。

（2）2016年暑假，由教学副校长带领教科室主任、教务科主任和年级主任，到南京、北京等地参观学习先进学校是如何运用和实施这种理论模式的。每人站在自己专业和日常工作的角度进行了分析，提出了符合校情、学情、师情的课堂改革建议。

二、大调研

（1）学校以年级为单位，对各学科教师开展大调研活动。学校通过组织教师自评、互评，教学小组评价，师德师风评价，教学能力评估以及职业心理评估等一系列活动，摸清摸顺了每位教师的教育教学水平、从教意愿和现阶段自身的成长目标。学校结合实际情况，把6位年龄偏大、教育教学水平提高较慢、新理论新思想接受较慢的教师调整到后勤岗位。学校结合教师的自身情况和成长意愿，以年级为单位将各学科教师分成A、B、C三个层次。A为优势学科，B为中等学科，C为后进学科。每个层次有2位教师，形成对比竞速的效应。

（2）学校利用中学生心理健康诊断测验对学生进行心理发育状态及学业水平测试。

（3）初中学生心理发育有六个特点：一是自我意识迅速发展到逐渐成熟；二是独立性增强，渴望得到他人认可及尊重，渴望独立；三是感情的变化显著、深化，带来复杂多变的情绪，容易喜怒无常，多愁善感；四是开始关注与同龄人交往，友谊是这个时期最重要的关系，把彼此之间的交往及认可看得极为重要；五是与成年人的关系发生变化；六是性意识萌动，性别角色深化，关注自己性别角色的完美程度、被人接受和欣赏的程度。

（4）由于时间紧，我们选取了2016年春季学期期中、期末检测情况和2016年秋季学期返校检测的三次样本，依靠Excel等软件，对学生前后进行了5次分析，取均值作为学生分层的基本依据。由班主任召开班科会征求原班学科教师意见，结合学生日常表现情况，对样本分层的数据进行微调。基本确定学生分层后，在公示栏向全体师生公示5天结果，其间有13名学生对自身能力产生质疑，主动要求进入自己适应的学科层次中就学。我们尊重学生意愿，进行微调整。

三、大讨论

（1）在学校分层走班教学模式基本确立后，由年级主任牵头，心理健康教师配合，督促各学科备课组集体备课会全马力上线。由每周一次的集体备课会扩展到每周两次，一次为日间备课会时间，一次为晚自习时间。其余时间发现问题及时解决，各级骨干教师发挥优秀带头作用，紧急问题找到几个人，就几个人一同商讨，然后通过 QQ 群进行实时交流。教师在教学中学习新知识、新理论，边学边教边总结。在这个过程中，新教师成长得特别快，2016—2017 年共有 5 位新教师成长为县级骨干教师，4 位新教师被评为校级优秀教师，2 位新教师被评为市级教育体育系统优秀共产党员。学校教师申报成功市级科研课题 4 项，顺利结题 2 项。

（2）年级主任、心理教师、学科教师和教务科对学生实施每月检测，检测结果使用 Excel 进行数据分析，对学生检测情况反映出来的问题，及时召开年级成绩分析会、班科会、集体备课会展开分析，根据学生心理状态和学习情况，及时对教学内容、复习程度、教学难度进行调整，真正做到有教无类、因材施教。由于分层走班后，同一层次学生水平不相上下，一旦出现异常情况，教师很容易发现问题。经过细致周到的工作，7 名数学中等层次学生在 2016 年秋季学期夯实了基础，对数学学习产生了浓厚兴趣，经本人申请，学科集体备课会讨论，以及心理教师的心理评估，进入 A 层次学习，学习效果明显，在 A 层次班也有不俗表现。另有 3 名英语中等层次学生成绩下滑较快。经过调研分析，进入初三学习后，由于之前底子薄弱，他们不适应中等层次的高强度学习。心理教师和学科教师经讨论后，为 3 人降低了学习强度。1 名学生经短期适应，较快适应了学习强度，在该层次处于中上水平；1 名学生适应稍慢，处于中下水平；1 名学生不能适应，主动要求到 C 层次班级，适应良好，处于该层次较上水平。令人欣慰的是他们都没有放弃学科学习，心里仍保有学习热情。

四、大落实

经过具体实践，各学科教师各有所获，A 层次的优生有所拔高，B 层次稳中略升，C 层次部分学生有进步。经此次难度拔高和题型变化的联考，全科及格人数提升到 64 人，差一科及格人数 16 人，较之前分别提高了 155.6% 和 45.5%。初二年级地理、生物结业考试取得较好成绩。初三年级有 202 人参加攀枝花市中考，其中 46 人进入省一类高级中学学习，105 人进入省二类高级中学学习。这个成绩完全超过了攀枝花市外国语学校教育集团对分校的学生升学评估分析。由于学风踏实，高职类学校对我校进入其校学习的学生评价很高，有 12 人进入 5 年制高职班，8 人进入高职学校的高考班。华山分校在社会上取得了良好的声誉和效益，受到东区老百姓的称赞，获市政府教育督导团的认可。2016 年华山分校被评为攀枝花市教育教学督导评估优秀等级。但我们也注意到，近 10 名 C 层次的学生有坚持不了的情况。目前我们需要做的是，分析什么心理原因导致学生坚持不下来，是家庭、学校、教师以及学生的心理状态引起的，还是教学模式改变引起的，因材施教，对症抓药，把学生教育好。

自此，可以说心理健康教育助力分层走班教学模式这一课堂改革在华山分校的初探和实践是比较成功的。对于一所薄弱学校，这改革的号角无疑是一剂强心针，激励着华山分校的全体教师不忘初心，砥砺前行，最终实现对党和祖国的诺言：为一方百姓服务，为党和国家培养优秀的劳动者、创造者、建设者！

（攀枝花市外国语学校教师　王海云）

第七节　以德育人，以文化人，以情感人

——浅探语文教学中的德育渗透

"师者，传道受业解惑也。""传道"，即思想政治教育；"受业解惑"，即知识的传授。在教育中，首要的是德育。我们面对的是刚刚脱离童年期的初中生，他们的世界观、人生观正在逐步形成，对人、对事、对社会开始形成自己的看法，这个时期他们的思想正需要被人正确指导。

《全日制义务教育语文课程标准（2011 年版）》认为，语文课程应重视提高学生的品德修养和审美情趣，使他们逐步形成良好的个性和健全的人格，促进德、智、体、美的和谐发展。《论语·学而篇》中写道："弟子，入则孝，出则悌，谨而信，泛爱众，而亲仁。行有余力，则以学文。"这段话把德育放在首位，明确要求学生首先致力于道德修养，行有余力才是学习文化。苏霍姆林斯基说："学生学习文化，根本不是为了几年后，从学校毕业时复述他背熟的东西……学习文学的最终目的是形成人的内心世界——道德、修养和美。"因此，语文教学应以成就思想、丰富心智、提高灵魂、锻铸人格为己任。教师在语文教学的过程中，除了指导学生正确地理解和运用祖国的语言，丰富语言的积累，培养语感，发展思维，还要重视提高学生的品德修养和审美情趣，使他们逐步形成良好的个性和健全的人格。这就要求语文教师把德育渗透到教学中去，在"随风潜入夜，润物细无声"中实现。

一、创设情境，激发学生共鸣

"感人心者，莫先乎情"。在语文教学中，由于教材的选材内容与学生的现实生活相距甚远，学生往往无法深刻地感受到作者的思想感情。那么创设情境，

使学生感觉到如临其境，把教材的"此情此景"变成学生的"我情我景"，深入挖掘教材中能使学生产生共鸣的情感因素，找出作品人物或作者思想与学生实际认识的契合点，这样德育教育才会有效果。

创造情境营造德育氛围可以借助各种媒介，化远为近，化静为动，化抽象为具体。例如在《安塞腰鼓》的教学中，我们借助媒体资料，让学生如闻其声，如见其人，如临其境，让学生感受到这是一篇用雄浑激越的鼓点敲出的优美豪放的诗章，是一曲凝聚磅礴力量的热情颂歌。作者通过一群朴实得像红高粱一样的茂腾腾的陕北后生，在黄土高原上展现的壮阔、雄浑、激越、豪放的腰鼓场面的描写，展现了中华民族古老淳朴的民间文艺风情，彰显了生命的活跃和强盛，歌颂了中华民族挣脱了束缚与羁绊、闭塞与保守后的欢乐与痛快、思索与追求。那千年黄土孕育的、奔流黄河滋润的安塞腰鼓，敲击着生命之门，跳动着生命之舞，燃烧着生命之火。

二、析词品句，朗读指导渗透

语文教学只有牢固地抓住字、词、句的理解，才能清楚地阐明课文所体现的内在思想，才能在学生获得知识、形成能力的同时，受到具体生动的思想教育。"书读百遍，其义自见"。语文教学强调"以读为本"。作者的思想感情可以通过对文章语言的分析来领会，因为学生从朗读时语气的轻重缓急，声调的抑扬顿挫，表情的喜怒忧伤中体味情感，把声音作为载体把思想感情"物质化"了，对学生来说更易理解、更好接收，以致唤起学生已有的情感体验，从而在情感上和作者产生共鸣，受到熏陶，受到德育教育。

例如在《孔乙己》一文中，教师就要抓住"笑"引导学生分析。"笑"在文中出现了十次之多，孔乙己两次出场都是在笑中走来，又在笑声中走去，特别是第二次来酒店是在人们的笑声中坐着用"手"走出来的，这是多么令人同情而可怜的人物。此时我们适时地给学生抛出疑问：同学们，你们此时的感受是什么？学生的情感在问题的驱动下被激发出来，他们对弱者的同情、人性本善的一面涌现出来。此时我们引导学生深挖现实，在当今社会，可能因为各种原因，存在着许多的"弱者"，他们生活在社会的底层，或许他们是自甘堕落，或许是因生活的变故，对此我们又能做点什么？因为抓住了课堂的动情点，有效调动了学生情感与思想，引起学生的情感共鸣，而我们又从文眼入手挖掘出社会根源，从而使学生认清了封建社会对于读书人的残害，认识到社会主义制度的优越性，从而更加珍惜今天幸福的读书生活，好好学习，树立远大理想，报效祖国。

三、剖析文本，树立正确价值观

对于处于叛逆期的初中生来说，讲大道理可能无法解决实际问题，教师苦口婆心，学生却充耳不闻。语文教师要充分利用语文课形象性强这一特点，在生动形象的讲解过程中完成德育任务，做到"以文化人，以情感人"。

培养学生的人格意识，实质上就是让学生学会做人，使他们具有勇于开拓、敢于吃苦、乐于思考、团结协作、坚韧不拔以及自尊自信等品格。中学语文课本中能培养学生上述品格的篇目很多，教师在讲授课文时可渗透德育教育，如茨威格的《伟大的悲剧》，朱自清的《背影》，海伦凯勒的《再塑生命》，等等，对这些教材，可深追细究，以"渐入佳境"，可质疑讨论，以明辨主旨。对于这些具有高深品质和人格魅力的人物，教师可利用课堂上对于人物形象的具体分析，使课文所描写的人物形象在学生面前能栩栩如生地站起来，并使他们的光辉形象铭刻在学生的心灵中，从而不仅教会学生学会描写人物形象的方法，更让学生在一些人物崇高理想和优秀品质的感染、熏陶下，自觉树立起正确的价值观和人生观。

四、作业批改，细微改变人生

新课程教学建议对写作提出要说真话、实话、心里话，不要说假话、空话、套话的要求。"言为心声""文如其人"，这不仅是教作文，也是教做人，可见学生的作文要融进生活，与学生的行为习惯联系起来，使学生通过写作明白做人的道理，学会做人。作文教学中德育渗透将以广阔的空间、丰富的活动，唤起师生间平等的对话、情感的交流、心灵的沟通，让学生的道德生命获得自由生长。学生的作文写作和教师给予评语是语文教学中的重要组成部分，教师在批阅时给予点评可以启发学生正确的思想。所以教师在阅读学生的文字时，可以从学生的字里行间发现学生的思想观点和道德情操中所体现出来的闪光点，并在评语中用恰当激励的言语来唤起学生心灵上的共鸣。我们通过美育的方式来塑造学生的心灵，丰富学生的精神生活，让学生树立社会主义荣辱观。这种德育途径比较间接、含蓄，让学生在不知不觉中得到潜移默化的熏陶。

五、言传身教，人格魅力感染

在语文教学中，教师注重提高自身素质也是非常重要的。苏联教育名家加里宁说过："学生们处处模仿老师，所以说教师的世界观、品行、生活，他对每一现象的态度都这样或那样地影响着学生……正因为这样，所以一个教师必须好好检查自己，他应该感觉到，他的一举一动都处在最严格的监督之中，世界上任何人也没有受到这样的监督。"德育教育既要言传，又要身教，教师要处处为人师表，凡是要求学生做到的，教师要先做到，用自己的爱心和人格魅力去感染和影响学生。作为教师，只要细心发掘德育工作和学科教学的最佳结合点，并在备课的同时注意将二者融为一体，就可以让学生得到"以德育人，以文化人，以情感人"的潜移默化的教育，不会让德育成为空泛的口头说教，从而更好地促进学科知识的学习，为学科知识的掌握起到推波助澜的作用。这就是"只有人格才能影响人格的形成和发展，只有性格才能形成性格"。

当然，语文课堂教学中的德育渗透方法是多种多样的，这就需要教师自觉地把教书和育人当作自己的高尚职责，深挖教材，把握时代跳动的脉搏，找准德育渗透的突破口，恰到好处地进行渗透。让语文教学中的德育渗透，不是像油与水似的截然分开，而是如水乳交融似的难以分割，从而更好地做到以德育人、以文化人、以情感人，真正达到教书育人的目的。

（攀枝花市外国语学校副校长　王俐利）

第八节　浅析双减背景下初中语文作业设计与管理的探索

　　双减政策要求教师们在教学中要将减负增效融入其中，减轻作业的总量和时长，减轻学生过重的作业负担。在这样的情况下，并不是一味地让教师减少作业的数量，而是要关注学生的兴趣，围绕学生的学习习惯和学习能力，对作业展开优化设置，让学生能透过高质量的作业，在有限的时间内实现学习的提升和进步，帮助语文教学真正地发挥自己的作用。作为双减政策的一线执行者，初中语文教师要思考如何减轻学生的负担，通过精简优化和分类设置的语文作业布置策略，达到理想的减负效果，让学生们透过作业实现学习的提升。语文课程标准明确提出，语文是母语教育课程，学习资源和实践机会无处不在，无时不有。因此在教学的过程中，教师们要贴合语文学科的实际，对作业展开优化设置，让初中语文作业最大限度地调动学生的学习积极性。

一、初中语文作业设计中存在的问题

　　围绕初中语文作业的设计情况，能发现在现阶段的初中语文作业设计中，存在着作业价值取向单一、形式单一、难易程度单一、答案单一的情况。这种情况给学生的学习带来了极大的困难。

　　作业价值取向单一。初中语文作业设置的倾向就是中考的内容，中考考什么内容，作业就练习什么内容，中考怎么考试的，平时的作业中就如何练习，基于此，有的教师在平时的作业中就有可能为了应对考试，而让学生积累大量简单的字词，盲目摘抄大量课外阅读中的优美词语及片段。在这样的情况下，这些类型的语文作业只是为了让学生提高成绩，而无法调动学生的学习兴趣，对学生的思维发展造成很大的阻碍。作业形式单一。语文作业大多都是以书写训练为主，缺乏了对学生应有的综合性训练，无法将学生的听说读写思考有机联系起来。在作业设置时，教师大多是宏观地布置统一的作业，没有贴合学生的实际，作业难易程度也没有做好划分。这样的作业设置既不符合当前教育的因材施教要求，也不可能满足学生的个性化学习需求。最终作业答案大部分是单一的，教师围绕着标准答案对学生的作业进行检查，限制了学生的思维发展。这样的情况直接导致初中语文作业设置无法贴合双减政策和素质化教育的需求，不能帮助学生全面提升，让学生对作业练习产生抵触心理，不能让作业辅助语文教学的发展。初中的语文学科对学生的理解力、表达能力、鉴赏能力有一定的要求，教师在作业设置过程中需要体现这些层面，引导学生从不同角度思考问题。

二、双减背景下初中语文作业设计与管理策略

（一）明确思想认知，把控作业内容设置

在初中语文学科的教学过程中，教师们要充分意识到双减政策对作业的要求，在减轻作业总量的同时，要提高作业的质量，围绕着实际作业的相关内容进行优化，让学生能够有效地控制作业情况。语文作业设置时要突出基础性、典型性、探究性，让学生透过作业的形式进行不断练习。在这个过程中，教师们要选择有针对性的内容，丰富作业形式。语文作为一门语言文字运用的综合性学科、实践性学科，要转变传统单一的书面作业形式，设置多样化的作业形式，将书面作业和实践作业进行有机结合，让学生透过作业实现自身能力提升。

例如，初中语文人教版七年级上册第三单元，其中分为阅读、写作、名著导读以及课外古诗词诵读单元综合测试这几个章节。在阅读中，学生要学习的重点有《从百草园到三味书屋》《论语十二章》以及《再塑生命的人》。这一单元的主要内容是学会在写作中抓住人物的要点。设置作业时教师要突破传统的书面作业形式，让学生选择自己生活中所熟悉的人，通过对人物的外貌、动作、语言进行描写，借助周边景物来展现人物的个性，并让学生在课堂上进行交流。

（二）因材施教设置，让作业发挥效果

在初中语文教学过程中，随着学生前期学习的逐渐深入，学生们的学习会出现极大的差异性。面对这种情况，教师们要关注学生的差异性，设置有针对

性、有层次性的作业，以满足学生的需要。在这个过程中，教师要通过把握作业的难度，尊重学生的个体差异，达成教学目标，让学生能通过完成作业得到发展进步。传统的分层作业大多是依靠学生的学习情况，将学生分为学习能力优秀的、学习能力一般的、学习能力稍差的，但这样的划分缺乏相关的标准。另外，学生的学习情况也会在学习期间发生变化，所以会给作业设置带来一定的难度。面对这种情况，教师可以从作业层面着手，通过将基础性作业和拓展性作业相结合的方式，让学生灵活地选择作业形式以完成作业练习，更好地贴合了双减政策。

例如，初中语文人教版九年级下册第二单元契诃夫的短篇小说《变色龙》，这篇文章非常具有趣味性，在经过学习后，教师可以设置灵活的作业形式，帮助学生的语文学习能力实现全面提升。契诃夫的这篇小说以变色龙比喻那些像奥楚蔑洛夫一样有善变技巧、善于见风使舵的人，生动形象地刻画了这类人物欺上瞒下、见风使舵的本质，写作方式非常具有特色。因此，教师在作业设计时就可以以基础性作业和拓展性作业为例，基础性作业就是让学生对小说的三要素、人物、故事、情节、环境进行把控，然后创作一则短篇小说。拓展性的作业就是模仿文章中的讽刺手法，让学生们借助社会生活中的一些现象、一些人物来进行讽刺写作。

综上所述，在双减政策的背景下，初中语文教学应切实做到联系学生的实际，关注学生的学习。教师们要设置灵活性的作业，让学生透过作业实现更有深度的提升。

参考文献：

［1］董燕艺."双减"背景下初中语文作业设计中存在的问题与对策——以部编版教材为例［J］.新课程，2022（6）：4-5.

［2］孙延娥."双减"背景下初中语文作业创新设计策略［J］.现代农村科技，2021（12）：78.

（攀枝花市外国语学校副校长　王俐利）

第九节　利用"习题链"，提高初中特殊平行四边形复习效果

中考是中学生人生中第一次面对的一次大考。初中数学与小学数学相比，知识体系更为庞大，虽然很多知识在小学时都有所涉及，但小学时很少有专门为常见错题开设的习题课。平行四边形是生活中常见的一种几何图形，但特殊平行四边形与平行四边形相比，存在一定的学习难度，初中数学又与实际生活联系紧密，因此本文将通过讲授教师如何把习题课利用好，让学生产生举一反三能力，从而更好地应对数学考试。

一、教师要引导学生形成一定的数学知识体系

由于特殊平行四边形需要记忆很多错综复杂的概念，学生在没有形成一套完整的数学思想时，很容易把某一图形的知识点和其他图形的内容相互混淆，进而影响解题的正确率。同时，不同学生对知识的归纳和总结程度不同，有的学生甚至从上课到做题，除了会一些教材上的基本概念外，其他的知识都一窍不通。因此教师需要在实际教学过程中，每讲完一道习题，就可以引申出一套相对应的一系列知识点，让学生形成一定的知识网络，更利于复习。

在此类课程中，除了平行四边形本身之外，还要讨论如菱形一类的特殊平行四边形。菱形的一些性质和平行四边形是相通的，但符合平行四边形特征的又不一定是菱形，因此教师一定要让学生做好知识之间关系的总结，并让学生养成一定的自学能力，争取让每个学生都有自己的一套错题集，把自己曾经做错的题都整理到错题本上，达到做一题会同类型十题的目的。

二、"习题链"相关的教学内容

在上习题课的时候，教师一定要本着从易到难、循序渐进的教学思想，不能没有逻辑地胡子眉毛一把抓，要在课前讲一些与课本概念密切相关的基础知识，后讲授和课本前几道例题难度相当的习题，这样可以让班级上的所有同学都有听课的兴趣，而且要积极地引导学生与教师互动，可以让一些学困生到黑板前来讲基础性的习题，说明教师在默默地关注着他们，不希望他们掉队。上课的时候，教师可以用这样一道习题来进行习题课的铺垫："一个平行四边形的角平分线，分别是 8 厘米和 10 厘米，求这个平行四边形的周长是多少。"对于这样一道习题，学生在对平行四边形知识不了解的前提下，很容易忽略一题多解，即考虑数学问题时，一定要把可能出现的所有情况都摸透，这样才可以做到百战百胜。

后面，教师可以再引出这样一道习题："在已知矩形的对角线是 24 厘米的前提下，当对角线的夹角为 60 度时，求矩形的边长是多少？"在解决这样一道文字题型时，教师一般要先在黑板画出这个矩形，然后引申出矩形对角线的相关知识，开展一次启发式教学，通过向学生提问的形式，引导学生对相关知识点的回忆。也可以通过启发式教学的方式从侧面指出，如当三角形三个角的度数完全相同时是等边三角形，由于已知对角线的长度，等边三角形任意三边的长度都是相等的，那么矩形的四个角都是直角，因此可以根据勾股定理算出矩形边长是多少。

还可以给出这样的一道习题：有一张矩形纸片，其中两边的长度分别为 2 和 4，将纸片沿着折叠边折叠后，形成的三角形的任意两边是否相等，并计算折叠边的长度和折叠后形成的直角三角形的长度是否相等。这道题考查了三个知识点，如果有的难点学生没有掌握清楚，就有可能导致做错题。折叠是一种轴对称变换，变换前后图形的形状一般不会发生变化，所以可以在折叠边上找一点作矩形一边的垂线段，形成直角三角形来判断边长是否符合题意，在新做出的直角三角形中，根据勾股定理得出未知边的长度，最后得出答案。

上述三道题考查的都是最基础的知识，以此类推，其他特殊平行四边形的教学方法也可通过类似手段进行教学。对学困生而言，掌握单一的概念可能都不是很容易，因此教师在上课过程中，也要充分考虑到学困生的感受，在讲授此类基础性问题时，多找他们回答。同时，如何提高学生对知识的巩固与运用水平显得很重要，需要教师在教学过程中渗透对学生数学思想的培养。

特殊平行四边形是平行四边形的一种引申，菱形、矩形、正方形，不论是哪种图形都有一系列的知识点，而且在实际应用时，学生极容易出错。因此，教师要在课上抽出时间，讲授容易混淆的难点，让学生解题事半功倍，充满自信。

（攀枝花市外国语学校　刘婷婷）

第九章

促进高质量，
加强区域交流合作

第一节　共享共进，务实创新

　　攀枝花市陈丁初中名校长工作室在攀枝花市教育和体育局的关爱、支持、扶助下，认真贯彻《攀枝花市中小学市级名师名校长工作室建设与管理办法（试行）》（攀教体发〔2018〕49号）的精神和要求，以习近平关于教育的重要论述为指导思想，秉承"引领、示范、辐射、合作、服务、共赢"的教育理念，以"校长共成长、学校特色发展"为目标，以专业引领和能力提升为抓手，以"初中名校长工作室"各项活动为载体，将理论探讨与实践研修相结合，提升工作室影响力。学习—思考—磨砺—实践—提升—成长，三年来在各界的帮助下，在成员的共同努力下，工作室取得了累累硕果。

一、陈丁初中名校长工作室介绍

名师引领，共筑精英团队。本工作室由攀枝花市 7 位知名校长组成，囊括市直、东区、西区、米易、盐边 6 所学校，辐射攀枝花市两区两县。名校长、突出贡献专家，省骨干、市骨干、优秀教师、优秀共产党员、民进成员，共同组成了这个教学业绩突出、管理能力强的名师校长工作室。

工作室领衔人：陈丁，攀枝花市外国语学校党委书记、校长，教育硕士、正高级教师，攀枝花市初中名校长工作室主持人、教育部第十一期全国优秀中学校长高级研究班学员、四川省中小学名校长、四川省川派初中名校长、四川省十大法治人物、四川省优秀教育工作者、攀枝花市模范校长、攀枝花市突出贡献专家。

工作室成员：

郭光恒，原攀枝花市实验学校党委书记、校长，现任攀枝花市教育和体育局总督学；四川省川派初中名校长，四川省优秀教育工作者，四川省中小学教育督导评估专家，攀枝花市突出贡献专家；2019 年被评为四川省中小学名校长。

吕显康，原攀枝花市第三十八中小学校党支部书记、校长，现任攀枝花市西区教育和体育局副局长兼三十六中小学学校校长；攀枝花市英语学科"市级骨干教师"，西区英语学科"学科带头人"，攀枝花市教育系统优秀教师；西区优秀共产党员，西区"十佳班主任"。

陶开云，米易县第一初级中学校校长，民进米易支部副主委；政协攀枝花市第八届、第九届委员会委员；政协米易县第十三届、第十四届委员会常务委员，第十五届委员会委员；米易县政府教育督导团第一届督导评估专业委员会成员，米易县第四届政府督学，攀枝花市第五届、第六届市政府督学。

谢小冬，攀枝花市弄弄坪学校党支部书记、校长；攀枝花市东区骨干教师，东区"优秀教师"，东区物理学科"学科带头人"。

朱德超，原盐边县永兴学区总校长，永兴中学校党支部书记、执行校长，现任红格中学校长；攀枝花市优秀德育工作者，攀枝花市市级骨干教师，攀枝花市首批初中语文名师工作室"黄莉名师工作室"成员。

刘亮，攀枝花市外国语学校党委委员、副校长；四川省骨干教师；攀枝花市第六届市政府督学，攀枝花市优秀教师，攀枝花市优秀共产党员，攀枝花市地理教学专业委员会理事；在四川省地理课堂教学比赛中获一等奖。

二、工作室建设

（一）硬件设施

攀枝花市初中名校长工作室设立在攀枝花市外国语学校华山校区职工书屋。工作室成立以后，对职工书屋进行了一系列改造：配置了一体机、台式电脑、多台平板电脑、各类书籍千余本，增添多盆绿色植物，工作室宽敞整洁、环境优美，为工作室成员们营造了良好的学习、工作环境。

（二）软件建设

1. 加强工作室常规建设，不断完善工作机制

思想支配行动，理念激发动力。一名优秀的校长要有符合时代精神、彰显学校特色的办学理念和办学思想，其必须树立终身教育的理念，能从学校的办学定位、目标、特色等方面，做出全面思考和长远布局，创设各种条件为学生的未来发展奠基。因此，本工作室以"凝聚智慧，更上一层楼"为工作理念，以"校长共同成长、学校特色发展"为总体目标，制定了《初中名校长工作室三年发展规划》《初中名校长工作室管理办法》《初中名校长工作室考核制度》；设立了"名校长工作室专用活动室"，指定专人负责各项工作的落实；将工作室经费使用到活动开展之中，为工作室成员服务。

2. 搭建工作室研修平台，促成员共成长

（1）提升工作室成员的职业道德素养。工作室认真贯彻执行党的教育方针和政策，培养师德高尚、严谨笃学、业务精通的成员；培养有理想信念、有道德情操、有扎实学识、有仁爱之心的成员；培养在学生、家长、同行中评价优秀，得到同行和社会充分肯定和认可的成员。

（2）提高成员的教育研究能力。工作室通过教育管理专著研读、专家指导、理论研讨等活动，提升学员学术能力，促使成员向"学者型"校长发展。

（3）提升成员的学校管理能力。工作室通过学校管理研讨会、学校特色文化交流会、外出考察、成员互访等形式，学习、交流、探讨学校新办学思想、管理经验，提升成员的管理素养。

作为领衔人，陈丁校长根据多年一线工作的教学、管理经验，结合新时

代对教育提出的新要求，不断探索和改进，从构建"大德育"体系，培养具有"守正"思想的时代新人；树立"现代化"理念，培养具有"多元"品质的时代新人；启迪"多领域"兴趣，培养具有"创新"精神的时代新人；秉承"大教育"思想，完善具有"开放"特征的办学体系四个方面构建"培养具有守正创新的时代新人"的教育理念和办学目标，并将这一理念融入市外校的日常管理中，将理论与实践有机融合，使学校管理更高效，使学生的综合素质得到明显提升，使学校影响力进一步提升。

三、初中名校长工作室特色和亮点

在攀枝花市教育和体育局的大力支持下，三年以来，本工作室秉承"共享共进、务实创新"的工作理念，坚守"校长共同成长、学校特色发展"的工作目标，砥砺前行。

（一）工作室三年研修主要活动剪影

工作室成立三年来是攀枝花教育向区域教育高地奋斗的三年，也是工作室不断成长的三年，工作室努力克服疫情带来的不利因素，以"专题研讨、实地考察"等活动为载体，采取"走出去、请进来""线上线下"相结合的方式积极开展各类活动，提升成员的管理水平，提升攀枝花教育的影响力。

1. 全国优秀中学校长教育思想研讨会——陈丁校长优秀教育思想专题报告会

2021 年 4 月 18 日，全国优秀中学校长教育思想研讨会——陈丁校长优秀教育思想专题报告会鸣锣开场，陈丁校长以《肩负新时代教育使命　培养守正创新时代新人》为题，从遵循党的教育方针入手，不忘为国育才、为党育人的初心使命，汇报了培养具有"守正"品质和"全面"素质的时代新人的教育思想思考和实践探究过程。

华东师范大学韦保宁副教授和西安高新第二学校"名校 +"教育联合体总校长高杨杰对陈丁的教育思想给予了高度肯定。他们希望攀枝花市外国语学校带领攀枝花初中教育站在时代的前沿，有温度、有深度、有创新、有未来地看教育、说教育、办教育。陈丁教育思想得到了全国校长同行和专家教授们的高度认可，将攀枝花市外国语学校的教学理念、名校长工作成果推向全国，充分彰显了名校长工作的成果。

2. 秉承"校长共成长、学校特色发展"的目标

三年来，工作室秉承"校长共成长、学校特色发展"的目标，组织工作室成员分别走进各成员学校，积极开展学校交流活动，通过听报告、实地考察、交流探讨，集思广益，相互借鉴学习，为各成员学校的高质量发展出谋划策。

（1）相约实验学校，共谋发展之道

2020 年 12 月 9 日，工作室全体成员及市十中、31 中小、36 中小、38 中小的负责人齐聚实验学校共谋发展之道。攀枝花市实验学校校长郭光恒做《心向阳光 不负使命——攀枝花市实验学校办学实践初探》专题报告。郭光恒校长从学校办学思想的梳理、目标实施体系的构建及提升办学品质行动策略几个方面进行了分享。工作室各成员学校校长围绕市实验学校办学实践畅谈心得体会，进行学习交流。

（2）相约弄弄坪学校，共谋特色之道

2019 年 6 月 4 日，市外校陈丁校长带领学校班子及德育科成员一行 6 人，一同赴攀枝花市弄弄坪学校交流学习学校劳动教育课程开发设计和学校劳动实践基地建设理念。谢小冬校长带领大家参观了学校劳动实践基地，并对如何依托中小学劳动实践基地开展劳动教育进行了介绍。在要求学生德智体美劳全面发展的今天，弄弄坪学校的特色劳动教育以及实践基地，让大家对校园文化建设和劳动教育有了更深层次的认识与思考，为学校的特色发展提供了思考的方向。同时，这次活动加强了兄弟学校之间的联系，使名校长工作室的研究步伐又向前迈进了一步，为学校携手发展、合作共赢提供了新的契机。

（3）相约市 38 中小，共谋复兴之道

市外校校长陈丁带领副校长刘亮到市 38 中小开展学习交流。因城市中心的转移，西区属于攀枝花市的矿区，人口流失严重，市 38 中小目前处于教育发展的瓶颈。在本次学习交流活动中，吕显康校长就学校的办学历史、规模、特色及目前存在的困难逐一进行了介绍。座谈会上名校长工作室成员细致分析市 38 中小所面临的困境以及应如何发展特色谋复兴之道。陈丁校长表示将进一步加大两校交流力度，在干部、教师交流和教学资源共享以及其他方面给予 38 中小指导和帮助，助力 38 中小早日走出困境，充分发挥名校的引领作用，发挥名校长工作室的辐射引领作用。

3. 结合政府报告规划教育计划

攀枝花政府工作报告中指出：2020 年，区域教育高地基本建成——在川西南滇西北区域内，攀枝花教育绝大多数发展指标和教育教学质量走在区域最前列，教育现代化水平区域内最高，跟上成都和昆明教育改革发展步伐，进入四川省教育一流水平行列。2025 年，教育强市基本建成——区域教育高地地位稳固，区域教育综合竞争力、吸引力和影响力不断提升。在辐射引领川西南滇西北区域中，名校长工作室发挥着重要作用。

（1）地区交流谋发展，引领辐射促成长

"2019 年会理县中小学校长第二批来攀跟岗学习开班典礼"暨攀枝花市初中名校长工作室《学校办学思想及办学特色凝练》主题研修活动于 2019 年 12 月 1 日在市外校报告厅举行。来自凉山州会理县的 37 名中小学校校长、攀枝花市外国语学校等 12 所中小学校校长和攀枝花市初中名校长工作室成员参加了此次活动。陈丁校长做《学校办学思想及办学特色凝练》主题报告，向与会校长们介绍了市外校的办学特色。攀枝花市教科所庞超书记在讲话中希望借助名校长工作室平台，以市外校为前沿阵地，进一步深化教育教学研修，发挥引领示范作用，助力攀西地区教育发展。

（2）名校示范促发展，参观交流共成长

2020 年 11 月 20 日，西昌春城学校一行 16 人到攀枝花市外国语学校参观交流。陈丁校长就攀枝花市外国语学校的特色教育，向西昌同行做了题为《四川初中名校攀枝花市外国语学校教育集团高质量特色办学思考与实践》的主题报告。参观交流结束后，来访教师表示，市外校优越的办学条件、先进的教育设施、浓郁的文化氛围、特色的办学理念、精简高效的领导团队都值得他们去学习和借鉴。两校领导也表示以后要加强联系、促进交流。

这两次学习交流活动是全面推进攀枝花市和凉山州教育相互交流学习的重要举措，初中名校长工作室作为活动承办者之一，精心组织，使活动圆满成功，在攀西地区教育领域产生了积极影响。

（3）常州同人莅攀外，互动交流促发展

江苏省常州市教育考察团（考察团成员由常州市教育局部分负责人和学校校长共 7 人组成），在攀枝花市教育和体育局副局长刘自力、基础教育科科长唐瑞金、教师发展和对外交流合作科科长汝云红陪同下，到攀枝花市外国语学校参观，陈丁校长向考察团介绍了市外校的办学思路和教育教学特色。

海纳百川，有容乃大；百家争鸣，方可精彩。今后，攀枝花市外国语学校将不断发挥四川省初中名校的示范作用，攀枝花市初中名校长工作室将进一步发挥辐射引领作用，推动校际交流和地区交流，促进共同发展。

4. 工作室创新工作方式，线上共享优质资源

自 2021 年以来，成都石室中学线上行政会议持续开放。为学习石室优质教育经验，构建校际学习共同体，在攀枝花市初中名校长工作室领衔人陈丁校长的组织下，6 所成员学校（校区）共计 80 名干部持续参加了石室中学历次线上行政会议。石室中学开放线上行政会为各校学习优质名校的先进管理理念和管理方法提供了一个优质平台。历次行政会议后，陈丁校长均组织工作室成员深入研讨，通过这一优质平台，进一步开拓教育视野、更新教育理念，不断提高自身管理水平，为加快各学校高质量发展助力。

实地考察、学习交流、专题讲座、区域交流、云端连线，名校长工作室积极作为，以高质量的交流活动为载体，提升成员的管理水平，提升名校长工作室的辐射影响力，为攀枝花建设区域教育高地助力。云端连线，借力优质资源，名校长工作室携手成员学校共发展。

（二）初中名校长工作室成果展

1. 辐射带动作用

（1）陈丁校长 2021 年 4 月 18 日在全国优秀中学校长教育思想研讨会上做了题为《肩负新时代教育使命　培养守正创新时代新人》的教育思想主题报告，将攀枝花市外国语学校的办学理念，名校长工作室的成果推向全川、全国，让更多的人知道并了解攀枝花市外国学校，进而了解攀枝花的教育，有效提升了学校、名校长工作室乃至攀枝花教育的影响力。

（2）工作室组织开展系列活动，到各成员学校实地考察、交流，为各成员学校高效发展出谋划策，有效助推各成员学校高质量发展。

（3）工作室积极加强与其他地区学校的交流，学习先进地区的教学经验，带动薄弱地区的教育发展，如参与"会理县中小学校长来攀跟岗学习"活动，产生积极影响，提升了攀枝花教育的影响力。

2. 各成员学校高质量发展

三年来，本工作室一直秉承"校长共同成长，学校特色发展"这一目标，通过理论探讨、交流学习、实践考察等措施促进各成员学校高质量发展。经过三年的努力，各成员学校在教学质量、特色发展、区域影响力方面取得了不错的成绩，向着区域内优质名校迈进。

（1）教学质量不断提升

攀枝花市外国语学校、攀枝花市实验学校、米易第一初级中学、攀枝花市36中小连续荣获"义务教育教学质量突出贡献学校""义务教育教学质量贡献学校"称号。在所属区县中，学校教学成绩逐年提升，区域影响力进一步提升。

（2）学校特色发展效果显著

吕显康：在担任市38中小党支部书记、校长期间，带领全校教职工建章立制、锐意进取、敢想敢干、勤奋工作。学校特色发展成效显著。

一是发挥党员模范先锋作用，在全区率先推出支部创新特色工作"党员积分制管理"，充分调动党员的积极性，激发党员的工作热情，进一步提升支部的凝聚力和战斗力。

二是以教学改革为抓手，不断提升教育教学质量。

三是以"双减"为契机，专注学科素养板块，构建语文特色"自疑合探"的古诗词教学课堂，构建独特的数学"再生课堂"，打造特色英语绘本课程。

四是五育并举，打造学校艺体特色，全面提升学生综合素养，促进学生多元发展。学校举办"我们都是追梦人"校园艺术展示活动及学生社团展示活动，参赛书画作品共有200余幅，手工作品40余件，泥塑作品20余幅，其中固彩沙画作品、沙瓶画、手工作品成为本次展示活动的亮点。学生作品在市级各项比赛中获一等奖1次，三等奖3次；四位教师分别获得优秀创作奖等12项；师生作品共获奖40余项。其中有6人获得一等奖，22人获得二等奖。学校各方面取得显著成效。

陶开云：在工作室陈丁校长的带领指导下，通过学习、培训、考察、研讨等活动，米易县第一初级中学各项工作取得显著成效，特色发展成效明显。

一是学校以"仁"字为核心理念，巧妙结合桂花"四瓣"特点，设计学校Logo和校徽，大量种植四季桂花，打造花香校园，沉淀校园文化，提升办学品位，使"仁爱"的校园文化价值体系得到凸显。

二是三级课程建设完成。按照"基础课程校本化、拓展课程个性化、探究课程主题化"的理念促进学校内涵发展。校本作业、分层作业、小题单切实减轻学生负担，50 多门选修课拓展学生个性特长，系统化的研学实践促进学生探索精神、实践能力的提升。

三是五常并举，活动育人。学校围绕中华传统"仁、义、礼、智、信"促进学生内化成长，以"品格教育"为抓手，通过丰富多彩的主题活动，"内化"学生品格教育，以活动促规范，以规范促习惯，以习惯塑人格。

四是阳光助学，关爱学子。一中教师搭建爱心公益平台——"米易县阳光微助学协会"，以微薄的工资助力学生圆梦起航，累计筹集爱心捐款近 130 万元，资助学生 216 人，先后受到《中国团结报》"人民政协网""民进中央网站""川观新闻""攀枝花电视台"等媒体报道。学校荣获全国未成年人思想道德建设工作先进单位称号，全省教科文卫系统"创新、特色、精品"工作项目一等奖。2021 年学校在省级科创比赛中荣获二等奖，曲棍球比赛荣获全省第四名；市级乒乓球比赛荣获 6 个第一，艺术展演戏剧类节目荣获一等奖，合唱类、器乐类、舞蹈类均获二等奖，武术锦标赛荣获团体第三名，足球比赛男女队均获第三名；县级田径运动会团体总分第一名，乒乓球、排球、合唱全县第一名。学生德智体美劳全面发展，成为米易初中教育的一面旗帜。

谢小冬：任职弄弄坪学校期间，结合学校实际，创新教育理念，率先在学校创设劳动教育基地。学校坚信课堂知识、书本知识都要在劳动实践中进行，如此学生才能真正形成能力。为了实现培养学生德智体美劳全面发展的目标，特制定了劳动实践课程《耕道》。该课程于 2019 年 4 月参加攀枝花市第三十四届青少年科技创新大赛并被攀枝花市教育和体育局、攀枝花市科学技术协会、攀枝花市生态环境局等多家单位评为科技实践活动二等奖。

朱德超：任职盐边县红格镇初级中学期间，形成了别具特色的"阳光、生机、多元、聚果"的办学理念，让学生在乐学善思、好问进取、惜时守信、明理笃志学风的引领下，自信快乐成长。

刘亮：任职攀枝花市外国语学校华山分校期间，三年来教学质量大幅度提升，为学校集团连续荣获"攀枝花市义务教育教学质量一等奖"及"攀枝花市义务教育教学质量突出贡献学校"称号做出了积极的贡献。学校德育管理以"精细化管理"为抓手，以"多元化活动"为载体，厚植爱国情怀，形成特色德育校本教材；以艺体工作为抓手，创建排球特色学校，弘扬地掷球体育传统项目，提升学校影响力，增强学生荣誉感。地掷球运动是我校传统优势群众体育项目，学校张阜生和陆建强两位教师代表四川征战全运会，分获地掷球小金属球三人赛铜牌大金属球准确抛击第六名。华山校区建成教师书吧，被市总工会评为攀枝花市"职工书屋"示范点。学校多措并举鼓励教师、学生、家长多读书、读好书，大力营造阅读氛围，打造书香校园。

3. 个人成长

一个卓越的团队，离不开一群优秀的个人。一个卓越的团队应是每个成员成长的助推器，是每个成员展示自我的舞台。三年来，在团队的带领下，在成员的自我努力下，各成员在各自的领域取得了骄人的成绩。

郭光恒：攀枝花市教育和体育局总督学，曾任攀枝花市实验学校党委书记、校长，四川省优秀教育工作者、四川省中小学教育督导评估专家，先后被评为四川省中小学名校长、四川省川派初中名校长、攀枝花市突出贡献专家和攀枝花市模范校长。

吕显康：2019年，被攀枝花市教育和体育系统评为"优秀教育工作者"；2020年2月，经组织选派，担任西区区委教育工委委员、西区教育和体育局副局长；2021年9月，经组织选派，担任西区区委教育工委委员、西区教育和体育局副局长、攀枝花市第三十六中小学校校长、书记。

陶开云：米易县第一初级中学校长，民进米易支部副主委，获聘为"第六届市政府督学"，2019年和2021年分别荣获米易县"优秀政协委员"称号和米易县校长论坛二等奖；所写社情民意被报送全国政协，在米易县政协大会做有关教育方面的大会发言，主研子课题被中央电教馆立项。

谢小冬：攀枝花市东区骨干教师，东区"优秀教师"，东区物理学科"学科带头人"。

朱德超：现任红格中学校长，攀枝花市优秀德育工作者，攀枝花市市级骨干教师，2019年被评为攀枝花市教育和体育系统优秀教育工作者。

刘亮：2019年被评为"攀枝花市优秀共产党员"，2020年被市政府教育督导委员会聘任为第六届市政府督学，2021年被评为"攀枝花市义务教育教学质量突出贡献校长"；积极参加教学科研，目前，负责一项市级科研课题，担任一项省级课题的子课题和一项市级微课题的主研人员。

三年来，学习—思考—磨砺—实践—提升—成长，成为攀枝花市名校长工作室的主旋律。校长们在交流、学习、考察中深感忙碌和充实，在交流中取长补短，分享智慧与快乐，在教育管理的道路上奋勇向前。感谢攀枝花市教育和体育局提供名校长工作室这个平台，让攀枝花市初中校长站在更高的平台，见到了更美的风景。充分认识到一名好校长对学校发展的深远意义，通过三年的不断学习与探索，工作室成员在教学、管理能力方面都有了显著的提高，在各自的岗位上发挥着越来越重要的作用，初步实现了工作室制订的"校长共同成长、学校特色发展"的目标。我相信，工作室成员在市教育和体育局领导的关心和支持下，不忘初心，砥砺前行，通过不懈努力和积极追求，定会在各自的领域取得更好的成绩，为攀枝花的基础教育助力，为攀枝花的区域教育高地建设添砖加瓦！

（初中名校长工作室工作汇报　陈丁）

第二节　浅谈中学教育教学管理对策

　　初中学校在推进学校管理工作的时候，教育教学管理工作成为关键内容。特别是新一轮课程改革工作高效推进，反思传统的教育教学管理模式，暴露出来的问题越来越多，对于学校教学工作的高效展开产生牵绊，也不利于学生的健康成长。面对这样的情况，把握好新课程改革带来的机遇，教师需要认真研读新课程改革基本要求，对学生作为学习主体的地位给予充分认可和尊重，将提升学生全面发展作为育人目标，实现教学理念的更新，考虑学生的成长规律、学习需求、认知特征，有针对性地选择恰当的教育教学管理策略，助力中学教育教学管理事业发展，通过对学生的有效管理，助力其全面发展、健康成长。

一、研究背景

　　新的历史发展阶段，时代发展的进程日渐加快，人才内涵的丰富性不断提升，社会需要的是全面发展的高素质创新型人才。为此，中学教育教学管理工作强调创新发展，以迎合新时代的发展需要。只有提升管理工作的创新性与高效性，才能调动教师参与教学改革的积极性，助力他们积极转变育人理念，推进课程改革，重视学生创新能力、人文素养的提升。也只有这样，才能保障培养出全面发展的优秀人才。当然，现行的教育体制存在诸多问题，导致人才培养质量不理想，这也使实现中学教育教学管理改革工作的高效推进这一任务更为迫切。在我国的传统教育中，学生与教师的沟通较少，特别是农村学生，比较畏惧教师，在"师生沟通"方面存在更大的问题。

二、新时期提升中学教育教学管理工作质量的必要性

社会发展迅猛，人们大步踏进知识大爆炸时代，社会发展中的知识创新成为核心推动力。在这样的发展背景下，学生接触到的新鲜事物越来越多。如果一味地沿用传统的教学方法，让学生死记硬背理论知识，根本不能满足社会方面对于人才培养的基本要求。再加上传统教学方式方法的科学性差，也使得改革工作迫在眉睫。此外，中学教育的普及程度日渐广泛，是我国在培养人才过程中的基础保障，也是推进教育大众化的关键手段，因此新时期的中学教育被赋予了时代使命。要让广大人民群众获得更好的基础教育，就需要中学新课程改革工作创新教育教学管理，引导学生将文化知识掌握扎实的同时，进一步明确自身的职业规划、人生规划，增强其创业意识、创新意识。总而言之，教育教学改革在新课程改革背景下发挥着不可替代的作用，因此我们必须全力提升中学教育教学管理工作质量。

三、中学教育教学管理现状

（一）管理思想没有切实转变

虽然新课程改革工作在高效推进，也使得中学教育教学管理质量不断提升，但是整体管理现状仍然不乐观。管理思想没有得到切实转变，教育教学管理工作缺乏必要的经验以及先进的管理理念，想要实现进展难度较大。同时，当前的教育教学管理工作处于摸索期，无法积极迎合素质教育的发展要求。例如，部分教育管理者仍然没有摆脱传统应试思维，过于强调教学结果，关注学生的考试分数，但是对于教育的全过程显然忽略了，导致教学工作原本的教育特性无法发挥到位，教育工作进展受到阻碍。此外，还有些教师没有从传统的教学以及管理理念中摆脱出来，在教育教学管理工作中过分依赖传统教学管理方法，从而激发学生厌烦抵触的情绪，最终的管理成效可想而知。

（二）教学方式不恰当

新课程改革工作对于学生创新实践能力的提升格外关注，强调学生综合素养的培养，所以对中学阶段的教育教学管理工作提出了很多新要求。但是中学教学教育管理工作没有落实、实施，一味地以成绩判定学生的好坏，以成绩衡量教师的教学水平，这样的问题始终都没有得到很好的改善，成为新课程改革

工作实施的障碍。部分学校想方设法推进创新活动管理，如引导学生展开探究性学习等，但是对学生主动性和创造性的发展产生极其不利的影响，导致目标实施以及课改工作的推进不顺畅。

（三）部分规章制度不合理

校方在确保理想的教学质量的前提下制定与之相对应的规章制度，但是不少学校制定的校规存在着明显的形式主义、教条主义。规章标准被夸大许多，学校师生无奈地被这些条条框框束缚着。校领导单纯地扮演着监督者的角色，但是并没有参与实际意义的管理工作，教学管理工作的灵活性欠缺。想要达到理想的教育教学管理水平，必须发挥教师和学生的双重助力，双方齐心协力，产生积极向上的思想以及高昂的精神，才能将学校的教育教学管理工作推向新高潮。

（四）没有贯彻落实"双减"政策

随着教育改革的深入，"双减"政策得到广泛关注。"双减"像是一场教育革命，目的不仅是为学生减负，更是强调教育聚焦学生的全面发展，关注学生核心素养的培养，最终实现教育的高质量发展。但是当前，不少学校尤其是中学，在开展教育教学管理工作的时候，根本没有将"双减"政策落实到位，使得其单纯地流于形式，一味地强调学生的应试教育，使得学生的课业负担仍然十分重，这样的教育理念可能在短时间内取得不错的成绩，但是对学生的长远发展显然是不利的。

四、如何提升中学教育教学管理水平

（一）及时更新优化教育教学管理理念

促进中学教育教学管理水平的提升，首先要将教育教学管理理念及时更新优化，做到因地制宜，调整教育教学管理方法，关注以学生为主体的管理模式的构建，全面关注师生的学习发展需要，调动学生的学习热情。教师作为教育教学管理工作的中坚力量，对学生有着更清晰的认知，只有教师积极参与到该项活动中，才能深化课程改革。例如，教师在平时的教学活动中向学生传授文化知识，还需要密切观察学生的改变，对于因为家庭方面的原因出现情绪萎靡的学生，教师需要与他们积极互动沟通，积极解决学生遇到的困难，帮助学生树立学习自信，树立积极向上的人生态度。

（二）实现教育教学管理制度的优化

做好中学教育教学管理工作，强调教育教学管理制度的优化是关键。首先，校方在完善教育教学管理制度的时候，要关注教师的专业发展，在保障其专业高效发展的前提下提升其教学能力。其次，学校要关注学生综合素养的提升，强调教学评价模式的多元化。积极改进常规的管理制度，既包括教学管理，还包括常规制度管理，当然这也是促进和谐校园建设的关键一环。为此，结合常规管理现状制定对应的制度，使校方管理者提高对素质教育渗透工作的重视，助力学生个性化发展。

（三）明确管理方向，创新管理路径

新课改背景下开展教学教育管理工作，需要积极迎合课程改革的基本内容，以此明确管理方向。首先，明确以学生为主体的教育教学管理方向，统筹考虑学生的实际需要，优化传统教学管理体系，切实凸显教育教学管理的价值。其次，实现教育教学管理方法的创新，使学生在"润物细无声"的渗透式管理中，实现自我全面发展。最后，调动教师参与管理的积极性，强化教师管理水平。为了提升教育教学管理质量，校方还需要关注在职教师的继续教育工作，使广大一线教育工作者的教学管理能力切实得到提升，更好地胜任新课程改革背景下的教书育人工作。

（四）高效展开常规管理，凸显学生主体地位

中学开展教育教学管理工作的最终目的是为学生营造健康成长的良好环境。因此在新课程改革背景下，校方在强化教育教学管理的同时，需要保障学校常规管理工作高效推进，实现常规管理制度的健全完善，保障校方教育教学工作朝着更加规范、更加高效的方向发展。校方要强调文化环境、精神环境的创设，紧密围绕学生主体地位展开民主化的管理方式，让学生也积极参与到学校教育教学管理中。学校结合学生的实际情况，定期组织开展有意义的比赛活动，以此丰富学生的学习生活，陶冶其情操。

（五）保障"双减"政策落到实处

本着为学生健康全面发展高度负责的态度，校方要积极推进双减工作，保障"双减"政策切实落实到位。首先校内工作高效落实"双减"政策，提升教育成效，让学生的学习活动朝着更加合理的方向发展，课后作业得到优质匹配，在迎合学生学习需求的前提下让学生享受校园生活。而立足于校内工作层面来

看，教培机构鱼龙混杂，当务之急是消除课外培训乱象。"双减"政策的提出帮助学生缓解了课业负担及校外培训负担，使得家庭在这方面的支出减少，家庭支出的安排更合理。"双减"政策的实施使现代教育领域得到不断发展，推进现代教育回归教育初心，让学生真正品味学习的魅力，做到劳逸结合，我国整体教育质量也在潜移默化中获得提升。

五、结语

综上所述，中学教育教学管理工作质量直接影响学生的全面发展情况，就当前该项工作开展现状来看，存在较多问题。因此，管理者必须清醒地意识到问题所在，贯彻落实课程改革基本要求，采取强有力的教育教学新管理策略，切实提升教育教学管理工作质量，为学生的全面健康发展保驾护航。

参考文献：

[1] 邹妍锋.中学教育教学管理工作中"师生沟通"问题的研究［J］.中国教师，2013（12）：74-75.

[2] 王斐.人工智能在中学教育教学中的应用现状分析［J］.中国医学教育技术，2013，27（4）：397-400.

[3] 张晨.中学教育教学管理研究与建议［J］.考试周刊，2013（90）：168.

[4] 孙笛.试谈青少年健康人格教育在中学教育教学活动中的渗透［J］.黑河学刊，2011（10）：157.

[5] 石雪.衡水中学：中国教育的阳光产业——衡水中学教育教学采访纪行（三）［J］.华夏教师，2013（7）：14-15.

（攀枝花市初中名校长工作室成员、攀枝花市弄弄坪学校校长　谢小冬）

第三节　营造校园文化氛围，促进英语教学
工作提升的思考

　　《全日制义务教育英语课程标准（2011 年版）》就中学生在英语学习中对文化知识的学习和对跨文化意识和能力的发展提出了目标和要求："对英语国家文化及汉英文化异同有一定的了解，增强世界意识，提高汉英文化异同的敏感性和鉴别能力，从而提高跨文化交际能力。"在英语教学中，文化是指所学国家语言中的历史地理、风土人情、传统习俗、生活方式、文学艺术、价值观念以及所有这一切的综合。文化是伴随着语言而来的，语言则是文化的载体，每一种语言都映射着一定的社会文化，它也受到一定社会文化因素的制约。鉴于语言和文化的这些关系，我们应该清楚地认识到让学生了解英语国家文化确实有益于对英语的理解应用。

　　以文化人，有文化底蕴的学校往往能给学生一种潜移默化的熏陶，在培养学生文学素养方面肯定能占得先机。学校都十分重视校园文化建设，百年以上的学校以历史悠久为主题、名人辈出的学校以名人事迹为主题、重视传统文化的学校以国学经典为主题、艺体见长的学校以艺体特色为主题等，校园文化百花齐放、百家争鸣。

　　因此，为了让学生的英语水平有所提升，对英语文化的理解必不可少。以校园文化建设为载体，构建英语文化校园，为学生营造良好的英语学习氛围值得思考和探索。

　　但是，就目前状况来看，无论是教师还是学校，在如何利用文化来辅助和促进英语教学方面都非常欠缺。长期以来，英语国家文化的传播任务都落在了英语教师身上，然而英语教师们都忙于对英语词汇、语句的积累以及对语法的

讲解，而忽视了对以英语为母语的国家的风土人情、历史文化的传播。即使有部分教师意识到了这一点，但受到诸多主观、客观因素的影响，这部分教师在传播文化过程中做得还是不太理想，取得的效果也是不尽如人意的。

对于英语校园文化建设，英语教师是关键。众所周知，中西文化差异是很明显的。学生在学习英语过程中如果没有把这个差异弄明白，他们对于英语的学习和理解就会遇到困难。比如，在日常生活中，商场购物是很普通的事，售货员看到顾客会说"请问您要买点儿什么"，而在英文中，售货员说的却是"Can I help you?"；再比如，我们得到赞美后一般会谦虚几句"哪里，哪里"，英文却要说"Thank you"。因此，为了降低英语学习的难度，英语教师在英语教学过程中，对英语文化的渗透显得十分重要。我们应该根据学生的年龄特点和认知能力，逐步扩展文化的知识和范围。

充分利用好教材，善于利用教材中的知识进行文化比较和渗透。英语教材是教师输入文化最好的载体，在我们现在使用的英语教材中，编者已经较好地关注到了文化的编写。英语教师要善于把语言教学和文化教学进行有机结合，要善于挖掘教材内在的文化因素，特别是那些会影响学生理解能力的文化因素，要注重创造良好的英语语言环境，并善于根据教材内容创设带有英语国家文化背景的情境，引导学生用英语思维思考。在课堂上，教师可以根据教学内容的需要，让学生在相应的文化背景下进行角色扮演活动，并要求他们尽量按照角色的身份和语言交际的环境准确使用语言。英语教师还可以让学生观看一些有关跨文化差异的视频或纪录片，让学生有比较直观的记忆和感受。

文化本身具有的发散性、广博性及其无所不在的特性等，决定了学校在构建文化校园、开展校园文化建设过程中可以把英语文化渗透其中。为了进一步加强和深化英语文化意识，结合构建文化校园，开展校园文化建设这一主题，推动英语文化建设，学校层面有许多工作可做。学校从校名到校内各年级、班级、各部门、功能室等各组成机构的识别均只使用了汉语，其实，如果能够使用汉英双语进行识别，那么学生对英语产生的感受就是不一样的，这是能够潜移默化影响学生的英语思维的。同样，校园内的规章制度、宣传标语、名言警句、文化墙及班内的文化专栏、黑板报若都能使用汉英双语的话，就能够让学生对英语产生浓厚的兴趣。

当然，以上安排，仅限于表象工作，对传播英语文化还不足以产生质变的效果，更重要的工作是要使学生将英语文化内化于心，这就需要开展相应的英语文化传播活动。比如，有条件的学校可以直接聘请外籍教师为学生授课，这样能够让学生零距离接触到什么是英语文化。同时，学校可以开展以英语文化集中展示为主题的英语节活动。在我工作的城市，有两所学校让我印象深刻，它们每年安排一次为期一个月的英语文化传播活动，在活动期间，学校营造出浓浓的英语文化氛围，如在校园醒目的地方悬挂横幅、张贴海报，把学生自制的英语手抄报进行集中展示；在教学楼走廊及教室内也让学生精心布置有关英语文化的内容；开展英语演讲比赛、英语国家的名人故事或风俗典故的讲述和表演、探寻西方风土人情及人文地理、观看经典英文电影及歌剧等活动，以活动为载体，让学生在寓教于乐的活动中感受英语文化、理解英语文化、接受英语文化。学校还可以组织开展形式多样的课外活动，让学生切身感受到英语国家人民的传统习惯、人文典故与本国的差异，从而认识到学习英语应自觉摒弃用本国语言思维来思考英语做法的必要性。

学校开展校园英语文化建设也非一朝一夕就能够见成效的，需要长期的积淀；学生领悟英语文化也并非一蹴而就，同样需要长时间的熏陶。一旦学生在这样的环境下成长，学生对英语文化的领会肯定是不一样的，他们的英语学习效果肯定会得到明显改善，长期下去，学校英语文化建设和学生英语素养的提高对构建文化校园就会产生相辅相成的作用。英语校园文化建设促进了学生成长，学生也反过来促成了学校文化校园的构建，双方必将实现双赢。

参考文献：

[1] 顾嘉祖，陆昇.语言与文化［M］.上海：上海外语教育出版社，1990.
[2] 胡春洞.英语教学法［M］.北京：高等教育出版社，1997.

（攀枝花市初中名校长工作室成员、攀枝花市第三十六中小学校校长　吕显康）

第四节　加强研学基地建设，
助推"双减"落地落实

2021 年 7 月下旬，中共中央办公厅、国务院办公厅正式印发《关于进一步减轻义务教育阶段学生作业负担和校外培训负担的意见》（简称"双减"政策），"全面压减作业总量和时长，减轻学生过重作业负担""校外培训机构不得占用国家法定节假日、休息日及寒暑假期组织学科类培训"成为人们关注的重点。随着政策逐渐落地，中小学生双休日、节假日等课外时间得到进一步解放，注重青少年校外综合实践能力培养的研学旅行再次引起各方关注。

研学旅行是由教育部门和学校有计划地组织安排，通过集体旅行、集中食宿等方式开展的将研究性学习和旅行体验相结合的校外教育活动；是学校教育和校外教育衔接的一种创新形式，通过唤醒学生对不同文化和体验的意识与感受，帮助学生从新的角度看待世界，有利于促进书本知识和生活经验的深度融合。2016 年，教育部等 11 部门联合颁发《关于推进中小学生研学旅行的意见》，要求各中小学把研学旅行纳入教育教学计划，与综合实践活动课程统筹考虑，促进研学旅行和学校课程的有机融合，并指出，要开发一批育人效果突出的研学旅行活动课程，建设一批具有良好示范带动作用的研学旅行基地，推动研学旅行健康快速发展。

一、我市研学实践教育基地建设现状

四川省教育厅于 2018 年公布了 42 个首批省级研学实践教育基地、营地名单，攀枝花无入围单位；2021 年又陆续公布了 55 家地学类研学旅行实践基地，112 家红色教育研学实践基地，攀枝花入围 2 家地学类和 5 家红色教育类基地。

攀枝花市教育和体育局联合市文化广播电视和旅游局也于 2020 年公布了我市 9 个研学实践教育基地，并于 2021 年 7 月召开"研学养智助推康养产业发展论坛"，正式发布 8 个青少年康养研学实践基地、3 条青少年康养研学实践精品线路。同时，攀枝花被授牌成为"全国中小学研学实践教育联盟常务理事单位"。

（一）基地建设主题突出、遍布全市

攀枝花已建成的省、市级研学实践教育基地共 14 个，全面覆盖了三区两县。其中仁和区 4 个，东区 3 个，盐边县 3 个，西区 3 个，米易县 1 个（表 9-4-1）。

表9-4-1　攀枝花市研学基地一览表

基地名称	级别	所在区域
攀枝花中国三线建设博物馆	国家级（省级红色教育）	仁和区
四川攀枝花苏铁国家级自然保护区	省级	西区
攀枝花市中坝团山现代农业研学实践基地	省级	仁和区
米易颛顼龙洞研学旅行实践基地	省级（地学）	米易县
格萨拉研学旅行实践基地	省级（地学）	盐边县
大田会议纪念馆	省级（红色教育）	仁和区
攀枝花开发建设纪念馆	省级（红色教育）	东区
河门口三线建设教育基地	省级（红色教育）	西区
盐边县烈士陵园	省级（红色教育）	盐边县
"电小芒"电力科普教育基地	市级	东区
"兰尖故事"研学实践教育基地	市级	东区
攀枝花市航天智能科技研学实践教育基地	市级	西区
攀枝花26度果园芒果农场研学实验教育基地	市级	仁和区
红格研学实践综合教育基地	市级	盐边县

总体看来，除仁和区略多米易县略少外，基地分布区域和数量较为均衡，市域内均有覆盖。同时，攀枝花首创"康养＋研学"融合发展模式，召开了"研学养智助推康养产业发展论坛"，按照"研学养智"的主题积极推动攀枝花研学实践教育与康养产业融合创新发展。

（二）涵盖多种实践类型

从已经建设的基地类别来看，基地主要包含革命传统、历史文化、自然生态、国防科技、农耕体验、运动竞技 6 种主题，分别从爱国、文化、科技、自然等方面培养学生的综合素养与能力。其中以学习三线建设历史文化、传承三线建设精神为重点，其次是自然生态和农耕科技。基地类型不仅丰富多样，还加强了重点类型基地的建设力度。特别是三条精品研学建议线路："三线博物馆—航天科技城（兰尖故事、电小芒）""攀枝花苏铁研学基地""行远牧业（26°果园、红格研学基地）"，建设较为成熟，颇具区域代表性。

二、我市研学实践教育基地建设中存在的问题

（一）学校参与研学活动的积极性不高，基地建设缺乏持久的推动力

研学基地建设的根本动力为学校研学教育的需求，没有学校旺盛的需求，基地建设就缺乏持续的发展动力。当前我市除市区、个别区县几所学校在尝试性开展研学教育活动外，绝大多数学校均未全面开展。研学旅行活动参与学生人数多，每次外出少则几十人，多则几百人，学校的组织管理和安全保障压力巨大，是很多学校校长和教师不愿意组织研学旅行活动的主要原因。外出审批难、经费筹措难，特别是疫情之下组织更难，成为学校研学教育活动开展的拦路虎。

（二）研学基地整体建设规模较小，类型不够丰富，无法满足全市中小学生研学需求

我市现有中小学生（含普通高中、职业技术学校）14 万余人。按照教育部、省教厅要求的每学年"小学乡土乡情 1~2 天""初中县情市情 3~4 天""高中省情国情"的研学要求，如若各学校全面开展研学实践，我市现有的 14 个研学基地将无法满足学校需求。同时，研学基地类型比较单一，既缺少能同时接待多个研学团队的国家级、省级的大规模基地，更没有满足小学生实践"乡土乡情"的县级、乡镇级的研学基地。基地、营地软硬件建设质量存在差异，食宿接待能力无法满足研学需求。有的基地缺乏精品课程，缺乏专业导师，对周边资源开发利用不足，尤其是一些研学实践教育课程是由原来的旅游项目演变而来，加上多数研学导师是由导游等人员经过短期培训后来担任的，导致一些研学课程达不到研学实践教育的效果。

（三）缺乏推动基地可持续建设和发展的制度与规范

目前，政府层面尚未出台系统的基地建设制度和经费保障制度，导致基地

的可持续发展受限。一方面，现有研学实践教育基地虽然积极参与研学项目，但在具体开展和实施过程中缺乏统一可行的机制导向，虽然付出了大量的人力、物力，但过程资源没有得到充分利用和合理调配，导致事倍功半；另一方面，基地大都由原来的一些景区、展馆附加研学而来，建设初期就缺乏明确的目标导向，在建成什么与如何建成两方面缺乏原始规划，导致在基地建设和发展过程中与研学实践的教育目标偏离。

三、加强研学实践教育基地建设的建议

（一）完善研学安全保障体系，提升学校参与积极性

研学实践属于校外集体性实践活动，其安全风险从一般性的活动风险扩大到餐饮、交通、住宿等更为复杂的安全问题。教育、文旅、公安、交通、安全等部门应共同出台研学安全的相关规范指引，拟定流程化标准，构建学校、保险公司、运输公司、承办旅行社、研学基地五位一体的安全保障体系，明确各自安全责任的法律划分，有效减轻学校的安全压力和责任，提升学校参与研学实践活动的积极性。另外，教育部门除出台政策进行引导之外，还可以将研学实践教育纳入中小学校督导评估体系，促使学校把研学实践和学校课程进行有机融合，从而推动研学基地持续健康发展。

（二）深度挖掘我市文旅内涵，打造特色精品研学基地

攀枝花拥有独特的"三线文化""三线精神"，是全国著名的康养城市，还有大量的"现代农业示范园""产业园""康养村镇""民俗村镇"，人文、自然、地理、生物资源丰富，如果深度挖掘，恰当整合，再借力"乡村振兴"，完全可以建成一批层次分明、各具特色、示范引领的研学实践教育基地、营地。各县（区）、乡镇还可以有针对性地开发基地研学实践特色课程，力争做到"一地一特色，一地一品牌"；可以多个区县、乡镇（单位）融合，也可以多个相似基地融合，建设精品，形成规模，打造品牌，吸引更多外地学校来此进行研学活动。

（三）统一制度规范，推动研学基地持续发展

从政府层面，一是要根据基地建设的实际需求进行持续、稳定的资金投入，以提升基地研学项目开展的可持续性；二是要出台统一的基地建设标准，分配监管职责或成立相关管理部门，以对基地进行系统化、标准化的管理、监督和

评估；三是要加强研学相关人员的能力建设，加强监管力度，制定研学实践教育实施方案制度，建立研学人才管理机制，培养提升研学管理人员的专业素养；四是出台具体可行的激励政策，以进一步调动现有研学基地的积极性，同时扩大影响，促进建设更大范围、规模和数量的研学基地。

"双减"的最终目的是构建健康的教育生态，研学实践教育具有社会、经济、教育等综合效应，在增强学生实践能力，提升素质教育水平，激发旅游市场活力甚至是助力乡村振兴等方面具有重要作用。研学实践基地建设是新形势下推动教育"双减"政策落地落实和文旅产业高质量发展的重要抓手。只要社会关注、政府重视、各部门携手合作，攀枝花更好、更规范、高品质的研学实践教育基地就一定能建成。

（攀枝花市初中名校长工作室成员、米易县第一中学校长　陶开云）

第五节　守好自己的责任田

——"双减"背景下米易教育的思考

一、"双减"的本质

"双减"是在"教育内卷"和全社会普遍的"教育焦虑"的背景下，国家出台的重大教育举措。其根本导向是让教育回归本质、让教师回归本位、让教学回归本色。也可以说这是新时代素质教育的微观表达和具体路径。

二、米易教育的现状

米易教育通过这十多年的努力，个人认为还是有一些成效的，米易教育体系完备，有了区县第一所大专，米中也没有像全国很多县城高中那样塌陷，还是一直在坚守，全县的初中教育在全市统计的生源地应届本科上线人数（中考在米易，高考在市内含米中的学生）连续多年仅次于东区，远超其他 3 个区县。2021 年是西区、仁和区各自的 1.3 倍，是盐边县的 2.5 倍。在脱贫攻坚战中，米易妥善地解决了全市人数最多的凉山自发迁居户孩子（2000 多人）的上学问题，让他们全部有学可上。

但是，全国有 2000 多个县，集中了超过 50% 的学生，如果说北上广等大城市代表了中国教育的方向，那县域教育就是中国教育的底色。米易也是这 2000 多个县中的一员，其他县域存在的问题我们也不同程度地存在。优质生源不断流失，县城高中、初中的发展举步维艰，部分农村学校还停留在解决了孩子们"有学上"的基本层面上，离"上好学"的需求还有很大的距离，这些问题都需要一一化解。

三、"双减"背景下，县域教育如何高品质发展

要回答这个问题，先要弄明白县域内各级各类学校承担的社会功能是什么。个人认为我们要至少承担两个功能。

（一）学校要促进县域内社会经济发展

留住人，守住优质生源。吸引人，充分吸引周边区域的人气，助推县域经济发展。这就需要我们办优质教育，建设示范高中、特色高中、示范幼儿园，形成品牌，叫响口碑。

（二）学校要承担育人功能

育人才是教育的本质和本真，为党育人、为国育才、为家庭培育后代。我们不能跟城市教育去拼内卷，我们很多家长也没有城市居民的教育焦虑。不管愿不愿意，必须承认：我们大部分孩子与大城市孩子的差异其实很难通过个人努力得到弥补。怎么办？北大教育学院有个教授提出了县域教育"在地化"和"情景化"的主张，意思是县域教育要根据自己的实际情况，定义自己的教育观，构建县域"在地化"教育生态，在什么山头唱什么歌。

我们需要弄清，米易的孩子到底需要什么，米易的家长到底需要孩子成长成什么样的人。我们要清楚米易本地人的谋生方式，为孩子们所有不同的去向做好准备。教育的每一步都要为学生未来的可能性做准备，这是学校必须做的事。要看到，我们不应该阻止优秀的孩子到大城市发展，但中间和底层的孩子是普通人，大部分要在米易定居、生活。如果学校只关注优生、尖子生，对中间和底层的孩子不负责就是对米易的未来不负责。对最好的学生负责，对中等的学生负责，对落在后面的学生负责，这才是对米易老百姓负责，对党和国家的教育事业负责的表现。

所以，"双减"之下，县域实施教育"在地化""情景化"，学校守好自己的"责任田"，教师与自己的学生相互守望，米易教育的特色之路，高品质发展的明天就一定会到来。

（攀枝花市初中名校长工作室成员、米易县第一中学校长　陶开云）

第六节　巧用现代教学技术提高农村学校教学的有效性

——以七年级《道德与法治》教材为例

道德与法治课的主要任务是使学生学会做人、学会做事、学会合作、学会学习，全面提高认识社会、适应社会、分析问题、解决问题的能力。但在实际教学工作中，农村初中七年级道德与法治教学面临困境，处于不景气的境地。

一、农村初中七年级《道德与法治》教学现状分析

（一）学校层面

1. 受中考的制约

由于不属于中考内容，学校管理层不重视七年级道德与法治的教学工作。

2. 师资缺乏

无充足的道德与法治课专职教师，学校一般都把专职教师作为把关教师安排在九年级教学。

3. 农村初中教师水平参差不齐

学校在排课时往往把教学水平稍差的教师安排来教"副科"或者将非中考科目作为教师聘课时的"搭课"处理。

（二）学生层面

1. 受中考影响

学生普遍不重视道德与法治课程，认为这是副科，与中考没有关系，可学可不学。

2. 在小学阶段

农村小学教师基本上将道德与法治课的课堂时间拿来上语文、数学。课表上体现的道德与法治课程仅仅是接受上级检查的配位而已。学生的基础特别不扎实。

所以，七年级的学生对道德与法治课程的兴趣不大。

（三）教师层面

1. 教师主观上没有真正理解道德与法治课的主要任务

教师没有思考怎么激发学生的积极性，上课的目的是完成学校的教学任务。

2. 不少教师不认真钻研教材

教师上课时简单给学生指出重点后就让学生背书，让丰富的课堂变成毫无生气的背书课。

二、对策措施

面对以上现状，作为道德与法治教师，我结合教学实际努力探索农村初中道德与法治的教学方法。我认为，只有巧用现代教学技术，激发学生学习兴趣，让道德与法治课堂生动、实用，方可提高教学的有效性。

（一）认真钻研，巧用现代教学技术，充分激发学生兴趣

随着国家经济的腾飞，国家对学校的投入增大，农村学校基本都配备了教学一体机。一体机的使用极大提高了教学效率，使知识拓展变得轻松便捷。但农村教师对一体机的使用基本停留在播放 PPT 上，未能充分发挥其作用。我县教育主管部门高度重视教学一体机的使用，引进了希沃的教学系统。个人认为，巧用希沃白板 5 的优势，可以激发学生学习道德与法治的兴趣，提高教学的有效性。

1. 巧用希沃白板5的思维导图工具

教师在备课时用思维导图工具将重点、难点罗列清晰，将逻辑架构梳理清晰，帮助学生加强理解教学知识点。这样，学生在上课时就能跟上教学思路。

2. 巧用希沃白板5的课堂活动工具

轻松创建互动课堂，教师、学生共同参与，用游戏化教学将学生带入教学情境，提升学生融入度，提高学习积极性，实现课堂互动的高效性。比如，在训练学生判断能力的训练上，我使用希沃白板 5 的课堂活动工具中的"分组竞争"工具，以小组为单位，开展小组竞赛活动。一方面增强了学生的团队意识和团结协作意识，另一方面也创设了轻松而激烈的竞争场面，极大调动了学生的参与积极性。这样避免了单一进行知识评讲的呆板课堂，让学生在轻松愉快中获取了知识，从而提高了教学的有效性。

3. 巧用希沃白板5账号云同步功能，在电脑上备课后一键上传到云端资源

我们在上课时无论走到哪个班，只需要登录账号，就可随时调取云端课件，告别烦琐的拷贝操作，也避免了因U盘拷贝数据硬件损坏造成数据丢失的损失。备课组之间也可实现资源共享，尽可能地节约了备课组的备课时间。

（二）巧用"希沃授课助手"APP

教师利用手机将学生讨论的过程拍成视频并向全班学生展示，还原讨论的过程，激发学生的参与度。利用录制"课本剧""法律进家庭"等课外实践活动的视频，充分发挥家长资源，对学生进行行之有效的实践教育。教师通过这些活动，激发了学生对道德与法治的兴趣，改变了传统的教学模式，使课堂的时间空间得到极大扩展，最大限度地利用了教育教学资源。

（三）巧用"班级优化大师"评价机制

教师多方面评价学生，培养学生团结协作、荣辱与共的团队意识。

1. 利用"班级优化大师"巧妙分组

把不同层次的学生分成学习小组。这种分组可不受空间的限制，坐在不同位置的学生都可编排在一个小组。每次抽问都采取小组捆绑考核评价机制。当随机抽选学生回答问题时，本学习小组的同学高度紧张，随时准备补充回答，不让本组因个人回答不全面造成小组分数受损。通过这种方式教学，我明显感受到上课走神、不认真的学生没有了，也实现了课堂教学的有效性。

2. 巧用"班级优化大师"评价机制

让每个学生每节课都有分数量化，增加了学生学习道德与法治的"成就感"，从而每节课都让学生产生既紧张又期待，既兴奋又严肃，既光荣又失落的情绪感受，进而实现课堂教学的有效性。

总之，巧用现代教育技术手段把色彩、动画、立体声等有机融合在一起，真正做到"图文并茂"，使学生身临其境，这样就能激发学生的兴趣，从而提高课堂教学的有效性。实际教学中我们可以针对学生好说、好动、好参与的特点，不断变换教学方式，使学生从一种兴奋状态进入另一种兴奋状态，对教学充满新鲜感，这样既改变了教师"满堂灌"的习惯，又充分发挥了学生的主体作用，从多方面提高了道德与法治教学的有效性，真正完成了道德与法治课的主要任务。

（攀枝花市初中名校长工作室成员、红格中学校长　朱德超）

　　1987年7月，19岁的我从绵阳师范专科学校毕业后来到攀枝花市参加工作，似火骄阳灼烧在简陋的校舍上，调皮的孩子们肆意奔跑在尘土飞扬的操场上，这便是我第一天到攀工作的第一印象。攀枝花，我国当时这座最年轻的城市，基础教育起步晚、硬件差、基础弱，"先生产、后生活"的三线建设奋进情怀让人无暇顾及城市建设，恶劣的自然环境让部分师范学生望而却步，先后调离当时这教育偏远之地。我受"艰苦创业、无私奉献、开拓进取、团结协作、科学求实"攀枝花精神的感召，学习"三线建设者"，决意扎根攀枝花，矢志为攀枝花的初中教育事业奉献一生，和无数攀枝花的建设者一道为这座英雄城市的未来奋斗拼搏。

　　我先后在攀枝花3所市里中学和1所农村中学工作过，曾在2所学校任校长，坚持不断提高教育教学水平和学校管理能力，在做好教学工作、管理工作的同时，我时刻不忘专业提升，坚持理论学习，西南政法大学法学专业本科毕业，后又取得广西师范大学教育硕士学位。我从一个师专毕业生，一步步走上了正高级教师岗位。其间有成功，有挫折，更有艰辛和迷茫，我反思、追问、探索、请教，围绕如何办好优质初中而绞尽脑汁。今天看来，付出总有收获，我的多岗位经历和艰苦努力成就了今天虽不成熟但也使我略感欣慰的办学思想。我以此为指导，不断开拓初中教育改革的新局面，将所任职的初中办成了"示范校""名校"，为攀枝花基础教育事业的发展奉献了微薄之力，实现了我当年的梦想。

　　日拱一卒无有尽，功不唐捐终入海。我任校长的两所学校先后发展成"川派初中名校"，成为攀西地区人民群众认可的优质初中名校。在我个人不断成长的同时，攀枝花初中教育完成了从追赶到超越，再到引领的跨越式发展，我也有幸成了攀枝花教育蓬勃发展的亲历者和建设者。如何把握新发展阶段，落实新发展理念，构建新发展格局，把攀枝花初中教育在金沙江流域的影响扩大到全省、全国，把攀枝花建设成为区域优质教育中心，成了每一个攀枝花教育人的使命和担当。

2018年，我走进丽娃河畔的华东师范大学，正式开启教育部卓越校长领航工程第11期全国优秀中小学校长高级研究班的学习之旅。在教育部中学校长培训中心教育专家的引领下，我历经8个阶段的集中研修学习，辗转"上海—长沙—贵阳—西安"4个城市的优秀中小学校，经过理论学习、实地考察、思想研讨、实践摸索、研修作业、总结凝练、点评提升7个环节，历时3年收获丰硕成果——陈丁教育思想《肩负新时代教育使命　培养守正创新时代新人》。

回首向来萧瑟处，满头乌丝尽成灰。我的办学思想经历了"德、律、润、全"4个阶段的延续与提升，从"德育"治校到"法律"进校，从"心育"润泽童心到"三全五育"育全人，这便是我办学思想的核心与主线。我决心将此教育思想和多年的工作实践探索总结归纳，凝练精粹，集合攀枝花部分优秀中学校长的办学经验编著成书，为广大教育者提供攀枝花初中教育从无到有、从弱到强、从追赶到引领发展的研究样本。

我办学思想的形成和在教育管理领域取得的成绩，无不得益于各级领导的支持与帮助，无不得益于同事朋友的启迪与建议，无不得益于广大教师的奉献与配合。衷心感谢攀枝花学院高等教育研究所的寇尚乾教授对本书的指导和修正，也感谢为此书提供很多帮助的同事和朋友们。正是有你们的帮助，本书才能得以顺利付梓，在此一并致谢！由于水平所限和时间仓促，书中如有不成熟的思考、不成熟的表述，恳请大家原谅和斧正。

陈　丁

二〇二二年四月